이슬방울 하나

개정재판

이슬방울 하나

초판 1쇄   2023년 8월 30일

지은이   정창균
펴낸이   황대연
발행처   설교자하우스
주소   경기 수원시 팔달구 권광로 276번길 45, 3층
전화   070. 8267. 2928
전자우편   1234@naver.com
등록   2014. 8. 6.

ISBN 979-11-976251-4-5 (03230)
값은 뒷표지에 있습니다.

이슬방울 하나

현장에서 나누는 목회 이야기

정창균 지음

설교자하우스

잔잔한 이야기, 진한 감동

- 개정재판에 붙여 -

이 책의 이야기들은 거의 대부분 내가 목회를 하면서 쓴 쉽고도 짧은 사연들입니다. 교인들 곁에 바짝 붙어 앉아서 서로 속내를 드러내기도 하고, 함께 울기도 하고 웃기도 하는 목사임을 알려주고 싶었습니다. 언제나 거룩하고, 아무런 문제 없이 잘 지내는 목사인 것은 아니라는 사실을 스스럼없이 보여주고 싶기도 했습니다. 부드러운 목소리로 옆에서 속삭이고, 따스한 마음으로 어깨를 두드리며 마음을 어루만지는 오랜 친구 같은 목사이고 싶었습니다.

그러나 그것을 떠벌려 광고할 수도 없는 노릇이어서, 어느 주일부터 주보 한편에 "사랑하는 교우들에게 드리는 목회자의 편지"라는 제목을 달고 나의 마음을 담은 목회편지를 쓰기 시작하였습니다. 중심이 전달되기 시작하였는지 교인들이 감동을 받으며 좋아하기 시작하였습니다. 주보를 받으면 제일 먼저 목회편지를 읽는다는 교인들이 늘어갔습니다.

세월이 지나면서 이런저런 상황으로 삶이 고달픈 많은 사람들의 신음 소리를 나라 곳곳에서 듣게 되었습니다. "몇 줄 글이라도 써서 단지 몇 사람의 마음 한 구석일망정 어루만질 수 있다면!" 하는 작은 소망으로 기독교 개혁신보에 고정 칼럼을 쓰기 시작하였습니다. 주변의 잔잔한 이야기들, 그러나 새록새록 감동을 주는 나의 사연들을 함께 나누며 쓸쓸하고 아픈 마음들을 어루만지고 싶었습니다.

중심이 전달되었는지 여러 사람들이 그간의 이야기들을 책으로 엮었으면 좋겠다고 제안을 하였고, 《하루 동안의 방랑》(도서출판 하나)을 거쳐 《이슬방울 하나》라는 제목을 달고 교수로 재직중이던 합신대학원출판부에서 책이 되어 나왔습니다. 그리고 2021년에 나는 총장 임기를 마치면서 학교에서 은퇴하였고 은퇴와 함께 이슬방울 하나도 절판하고 남은 책들을 넘겨받아 폐기하였습니다. 마치 사랑하는 자식 사망신고하고 호적 말소한 것 같은 이상한 기분이 잠간 들었습니다.

얼마 있다가 여기저기서 이 책을 아직도 기억하는 분들과 다시 보고 싶다며 찾는 분들도 나타났습니다. 절판했다니 아쉬워하였습니다. 시골에 내려와 투병 생활을 하면서 책을 다시 꺼내어 보니 어느 글들은 다시 살려내어도 좋겠다는 생각이 들었습니다. 그래서 용기를 내어 개정재판으로 다시 발간하기로 하였습니다. 20편 가깝게 삭제하고, 몇 편은 그 시절에 써놓고 싣지 않았던 새 글로 채워 넣었습니다. 평소에 좋아하던 진혜정 작가의 삽화를 곁들이고, 김민정 디자이너가 책의 매무새도 새롭게 가꾸었습니다.

"잔잔한 이야기, 진한 감동!" 그것이 이 책을 엮는 나의 작은 소망입니다. 감동은 모든 생명 있는 것들의 본질이기도 하고, 모든 변화의 출발점이기도 합니다. 코로나 바이러스 사태의 후유증으로 왠지 마음이 허전하고 혼자라는 쓸쓸한 기분이 일상이 되고 있는 이 때에, 이 작은 글들이 가능하면 여러 사람에게 잔잔한 감동을 불러일으키며 읽혀지면 좋겠습니다. 그래서 마음을 따뜻하게 하고 위로와 용기를 가질 수 있게 하면 참 좋겠습니다.

2023년 8월

정 창 균

목차

이슬
방울 하나

사귐

없으면 그리운 사람
다만 큰 은총일 뿐
깨어진 관계의 회복
핏줄보다 진한 사이
어버이의 마음
주고받는 사랑
잊어도 되는 자식, 자다가도 눈에 밟히는 자식
자녀를 위한 기도
자신 있게 말하는 하나님의 사랑
아내를 위한 목사 남편의 기도

없으면
그리운 사람

얼마 전이었습니다. 이른 아침 시간인데 전화벨이 울렸습니다. 전화를 집어 드니 상대편에서 "여보세요." 하는데, 금방 누구인지 알아차릴 수 있는 귀에 익은 음성이었습니다. 그런데 그 목소리가 심상치 않았습니다. 첫 음성만 가지고도 이분에게 무슨 일이 일어났구나 하는 직감이 들었습니다. 그렇지 않아도 자주 얼굴을 볼 수 없어서 궁금해하던 차인데, 첫 음성이 그러니 저는 가슴이 철렁하였습니다.

"무슨 일 있으신 거지요?" 했더니, 몸이 많이 아팠다면서, "목사님 목소리라도 듣고 싶어서 전화했어요."하는 것이었습니다. 그분이야 죽을 지경으로 아팠건 말건 제가 그분에게 '어려울 때 생각나는 사람'이라는 사실에 저는 기분이 썩 좋았습니다. 그런데, 저도 가끔씩 그분이 없으면 목소리라도 듣고 싶어지곤 합니다.

40이 넘고 50이 넘은 중늙은이 남자들끼리 무슨 주책들인가 하는 생각이 불쑥 들기도 하지만, 그러나 저는 이런 관계를 맺고 사는 사람이 70이 되고 80이 될 때까지도 계속 있었으면 좋겠습니다. 돈 뭉치가 오고간 사이도 아니고, 서로 손가락을 잘라 피를 섞으며 의형제를 맺은 사이도 아니지만, 한 하나님을 사랑하고, 주님의 한 교회를 그렇게 열심히 사랑한다는 사실 때문에 언제부터인가 그냥 좋아지고, 없으면 그냥 그리워지는 그런 사람 말입니다. 그래서 그 사람이 슬프면 나도 슬퍼지고, 내가 아프면 그 사람도 아파하고, 그 사람이 그렇다고 말하면 그런 줄로 믿어지고, 서로 자기 의견을 상대방의 의견에 굽히려고 자기 뜻을 먼저 말하기를 꺼려하는 그런 사이 말입니다.

사도 요한이 신앙의 제자 가이오에게 편지를 쓰면서 고백하는 그 애절한 사랑의 모습이 참 부러워지곤 합니다.

"나의 참으로 사랑하는 가이오여, 내가 자네에게 쓸 것이 많으나 먹과 붓으로 편지를 쓰는 것만 가지고는 양이 차지를 않네. 속히 자네를 보고 싶네. 얼굴과 얼굴을 맞대고 말을 하고 싶네."(요한 3서)

사도 요한이 가이오를 그렇게 그리워하는 것은, 이 두 사람이 그리스도 예수 안에서 동일하게 품고 있는 '진리'에 대한 사랑 때문이었습니다. 머나먼 이국 땅 지하 감옥 속에서 죽음을 눈 앞에 두고 있는 사도 바울이 디모데를 그토록 그리워하는 모습을 볼 때마다 저는 이 복 받은 두 사람의 관계가 그렇게 부러울 수가 없습니다.

"나의 사랑하는 아들 디모데야, 내가 밤낮으로 기도할 때마다 네 생각이 난다. 내가 너를 볼 수만 있다면 내 기쁨이 넘치련만… 디모데야 너는 어서 속히 내게로 오라. 겨울이 오기 전에 어서 와다오. 올 때에 내 겉옷을 가져오고 가죽 종이에 쓴 내 성경도 좀 가져와다오."(딤후 1, 4장)

요한과 가이오, 바울과 디모데는 혈연적으로는 아무 관계도 아니었습니다. 그리스도 예수 때문에 인생의 어느 길목에서 우연히 만난 사람들일 뿐이었습니다. 그 예수와 그분의 복음, 그리고 그분의 교회를 그렇게 사랑하며 함께 지내다보니어느새 한 사람은 다른 사람을 전혀 어색함이 없이 자기의 '참

아들'이라 부르고, 한 사람은 다른 사람을 '아버지'라 부르며 살게 되고, 그래서 죽음의 순간에도 그가 그리워지는 관계가 된 것입니다.

제가 아직 유학 중이던 어느 겨울 방학 때, 남아공의 한 산속 휴양지에서 열 살도 채 안되었던 우리 꼬마가 가정예배를 마치며 드렸던 기도가 생각납니다.

"저도 없으면 그리운 사람, 안보면 보고 싶은 사람이 되게 해주세요."

우리는 그날 요한 3서를 묵상했었습니다. 없으면 그리운 사람, 안보면 보고 싶은 사람이고 싶습니다. 소리라도 듣고 싶어서 무작정 전화라도 해보고 싶어지는
그런 사람이고 싶습니다.

다만
큰 은총일 뿐

사람이 사무치게 그리운 처지에 있어보지 않은 사람은 내 곁에 사람이 있다는 사실의 감격을 알지 못합니다. 내가 다른 사람 곁에 있어 줄 수 있다는 사실의 은총을 감사할 수도 없습니다. "사람이 사람 없으니 못살겠습데다."며 옛날 미국 유학 시절에 너무나 사람이 그리워 혼자서 도서관 밖에 나가 왁왁 소리를 질러보곤 했다던 박윤선 목사님이 생각납니다.

사람으로 태어나서 사람을 사귀며 사는 것도 보통 감사한 일이 아닌데, 하물며 한 성령을 받아 같은 그리스도를 주로 고백하고, 같은 영원한 나라에 대한 소망을 갖고 사는 그리스도인들이 잠시 이 세상에서 흩어져 사는 동안 그 그리스도 때문에 같이 사귀고 한 장소에 모이는 것은 사실 보통 감격스러운 일이 아닙니다.

기독교가 한창 핍박을 받았을 때, 그리스도인들은 물고기 표를 암호로 삼아서 서로 그리스도인인 것을 표시하고, 그것이 확인되면 얼싸안으며 좋아하고 서로의 만남을 감격스러워 하던 때가 있었습니다. 그 시절의 그리스도인들은 생명을 내걸지 않고는 서로 만나거나 사귈 수가 없었습니다. 그런데도 그들은 다른 그리스도인과의 사귐을 위해서 기꺼이 그 생명을 내걸곤 하였습니다. 사실, 지금도 그리스도인이기 때문에 갇히거나, 고립되거나, 따돌림을 받으며 같은 그리스도인들과의 눈에 보이는 만남과 사람을 사무치게 그리워하는 사람들이 세계 도처에 수없이 많이 있습니다.

그리스도인이 그리스도인 가운데서 함께 살 수 있다는 것은 결코 당연한 일이 아닙니다. 본 회퍼가 말한 대로 믿는 무리가 이 세상에서 하나님의 말씀과 성례전을 중심으로 보이는 모습으로 모일 수 있다는 것은 하나님의 은총입니다. 그리스도인이라고 해서 다 이 은총을 누리며 사는 것도 아닙니다. 그런데도 그 축복을 날마다 누리는 사람은 그것을 예사로 넘겨 버리기가 일쑤입니다. 심지어는 귀찮아하고, 지겨워하기까지 합니다. 그러나 그리스도인이 몸으로 옆에 함께 있다는 것은 신자들에게는 비할 수 없는 기쁨과 힘의 원천입니다.

　제가 어렸을 때는 낯선 두 사람이 만나서 대화하다가 한쪽이 자기는 믿는 신자라고 밝히면, "나도 믿어요!" 하면서 아주 반가와 하고, 금방 친해지고, 오랜 친구로 보일 만큼 서로 대화를 주고받는 모습을 자주 볼 수 있었습니다. 그러나 지금은 같은 신자 정도가 아니라, 같은 교회 교인인데도 이러한 모습을 보기 힘든 때가 있습니다. 우리가 이렇게 주일마다, 그리고 마음만 먹으면 언제라도 만나고 사귀는 것이 결코 당연한 일도, 한없이 계속되는 일도 아닙니다. 그것은 다만 어느 기간 동안 한시적으로 주어진 큰 은총일 뿐입니다.

　본 회퍼가 쓴 그리스도인의 서로 사귐에 대한 절절한 글을 읽으면 마음이 뜨거워집니다. 그는 다른 그리스도인들로부터 단절되어 감옥에 외롭게 갇혀 있다가 히틀러의 교수대에서 사라져간 사람이었습니다. 그는 말했습니다.

　"그리스도인이 그리스도인들 가운데 살 수 있다는 것은 결코 당연한 일이 아닙니다…. 하나님의 은총입니다."

우리가 그리스도인으로서 자유롭게 눈에 보이는 교제 공동체를 이루며 서로 만나고, 사귄다는 이 사실은 얼마나 큰 은총인지 모릅니다. 그러나 오늘날 얼마나 되는 신자들이 이 은총을 은총으로 알고 살고 있는 것인지, 때로는 두려운 마음마저 생기기도 합니다. 우리 주위에 언제라도 서로 얼굴을 대할 수 있는 또 다른 그리스도인이 이렇게 있다는 것은 다만 큰 은총입니다.

깨어진 관계의
회복

해마다 어버이날 즈음이 되면, "나무는 가만히 있고자 하나 바람이 가만히 있지를 않고, 자식은 부모를 잘 봉양하고자 하나 부모가 기다려주지를 않는다(樹慾靜而 風不持 子慾養而 親不待)"는 옛 사람의 싯귀 한 구절이 마치 깊은 신음 소리처럼 떠오르곤 합니다.

저는 아버지가 얼마나 훌륭한 어른이신가, 내가 그 어른께 얼마나 큰 은택을 입었는가를 늦게서야 깨달았습니다. 그래서 이제부터라도 아버지께 고분고분하고, 말 상대도 해드리고, 목욕탕에 모시고 가서 등도 밀어드리고, 나에게 일어난 일들도 소상하게 말씀드리며 상의도 드려서 부모님을 외롭지 않게 해드려야겠다는 생각을 하였습니다. 그러나 그렇게 하려 했

을 때는 아버지의 남은 연수가 얼마 되지 않았습니다. 아버지
는 얼마 안 있어서 내 곁에서 영원히 떠나가 버리셨습니다. 나
는 그렇게 아버지께 잘할 기회를 빼앗겨 버린 것입니다. 그리
고 해마다 어버이날 즈음이 되면 원망처럼, 탄식처럼, 그렇게
그 시구와 함께 돌아가신 아버지와 어머니 생각이 나는 것입
니다. 특히 제가 아직 어렸을 적에 아버님께 저질렀던 한 가지
사건은 지금도 종종 저의 아픈 기억으로 되살아나곤 합니다.

아마도 중학교 사춘기 시절, 부모님에 대하여 심한 반항심
을 품고 심한 대립을 하면서 지낸 때가 잠시 있었습니다. 우리
아버지는 너무 답답하고 말이 통하지 않는다는 것이 저의 불
만이었습니다. 아버지는 나를 이해하려고 하는 것이 아니라,
나의 발목을 잡아두려 한다는 생각에 사로잡혀 있었습니다.
내가 부모만 제대로 만났다면 굉장한 사람이 될 수 있을 텐데
우리 아버지 때문에 나의 무한한 가능성이 날개를 펴지 못한
채 나는 별 볼 일 없는 인간이 되어가고 있다는 생각에 빠져 있
었습니다.

어느 날이었습니다. 어머님과 이런저런 이야기를 나누면
서 그때 내가 꼭 하고 싶어하던 어떤 일을 말씀 드렸습니다. 돈

이 좀 필요한 일이었고, 아버님은 이미 그것을 반대하고 계셨습니다. 제 이야기를 들으시면서 어머니는 아버지께 다시 한번 말씀을 드려보라고 하셨습니다. 그러자 대뜸 내 입에서 한마디 말이 튀어나갔습니다. "아버지 하고 이야기하느니 차라리 산에 올라가서 고목 나무하고 이야기하는 게 낫지요!" 그리고는 문을 박차고 밖으로 뛰쳐나와 버렸습니다. 그리고 얼마가 지났습니다. 어머니께서 제게 조용히 말씀하셨습니다. "너의 그 말을 듣고 늬 아버지가 며칠을 우시더라." 주무시는 것처럼 옆에 누워 계시던 아버지께서 "아버지와 이야기 하느니 차라리 산에 올라가서 고목 나무와 이야기를 하는 게 더 낫다"는 이 못되먹은 자식 놈의 말을 들으신 것이었습니다. 자식이라는 놈이 아버지라는 분을 향하여 쏟아놓은 그 말이 사실은 얼마나 무서운 말인지, 그리고 얼마나 악독한 말인지를 제 자신이 부모가 되어서야 절절하게 깨달았습니다.

아버님은 저의 그 말에 대하여 한 번도 어떤 내색을 하신적이 없었습니다. 여전히 저를 사랑하셨고, 저를 위하여 기도하셨고, 다른 형제들이 드린 용돈을 모아서 신학 공부한다고 고생하는 제 밑에 쏟아붓곤 하셨습니다. 그러나 내가 부모가 되어 곰곰 생각해 보니, 아무리 너그러우신 제 아버지라 하여

도 그 상처와 아픔은 평생 잊지 못하셨을 거라는 생각이 들었습니다. 어린 자식 놈에게 들은 그 치욕적인 말이 큰 아픔이 되고, 지울 수 없는 상처가 되어 문득문득 되살아났을 거라는 생각이 들었습니다. 아버님 생전에 중학교 시절의 그 짓을 사죄하고 꼭 용서를 받았어야 하는데... 그냥 그대로 헤어져버린 것이 지금은 얼마나 후회가 되고 아픔이 되는지... 이렇게 너무 늦어버리기 전에 아버지를 찾아 뵙고 그 말씀을 드렸어야 하는데 그 기회를 이제 영영 놓쳐버린 것입니다.

아버님 떠나시고 두어 해 지난 어느 날, 예레미야 29:11-13의 말씀을 읽다가 저는 한동안 넋을 놓고 펑펑 울었습니다.

"너희를 향한 내 본심은 내가 안다. 너희에게 재앙을 주려는 것이 아니다. 너희에게 절망과 좌절과 아픔과 상처를 주는 것이 아니다. 내 본심은 너희에게 소망을 주는 것이요, 내 본심은 너희에게 평안을 주려는 것이다."

자기의 본심을 몰라주고 딴소리를 해대면서, 숱한 아픔을 끌어안고 사는 자식을 보는 아버지의 안타까운 마음이 실감났습니다.

"너희는 내게 부르짖으며 와서 기도하면 내가 너희를 들을 것이요, 너희가 전심으로 나를 찾고 찾으면 나를 만나리라."

다음 절의 말씀을 읽으며 그의 자녀들을 향하여 손짓하며 부르시는 우리 아버지 하나님의 안타까운 초청이 실감났습니다. 그 말씀은 제게 이렇게 들렸습니다.

"우리 한번 만나서 속마음을 터놓고 이야기 해보자, 아비인 나의 마음이 무엇이고, 자식인 너의 아픔이 무엇인지 우리 한번 만나서 이야기 해보자. 나는 너를 만날 준비가 되어있다."

그 날 아침은 "하나님이 나의 아버지"라는 말이 마치 난생 처음 들어 본 말처럼 새롭게 와 닿았습니다. 오랜만에 서로 깊은 마음이 통한 부자지간처럼 하나님이 그렇게 친밀하게 느껴졌습니다. "한 번 터놓고 이야기 해보자!"는 아버지의 초청이 제게는 언제나 힘이 됩니다.

제가 유학 중이던 어느 해 가을이었습니다. 1년 정도만 더 열심히 하면 박사 공부를 마칠 수 있을 것 같았습니다. 그러나 저는 과연 공부를 계속해야 할 것인가를 결단해야 하는 중대한 기로에 서게 되었습니다. 돈 때문이었습니다. 내년이라는 또한 해를 버틸 경제적인 대책이 없이 암담하기만 했습니다. 생활비로 이미 걸머진 빚도 적지 않았습니다. 아이들 등교 후 저희 부부는 이제 공부를 포기하고 그만 보따리를 싸야 될 것 같다는 결론에 이르렀습니다. 마지막으로 기도나 한번 해보고 보따리를 싸겠다는 마음으로 우리는 50여 킬로 떨어진 산 속 휴양지에 집을 하나 구해서 3박 4일을 예정으로 온 가족이 길을 떠났습니다.

첫날 가족 예배를 드린 뒤 아이들을 재우고, 아내와 저는 각각 우리 진로 문제를 놓고 기도에 집중하였습니다. 과연 내가 이 공부를 마치는 것이 하나님의 뜻인지, 아니면 이제 포기하고 돌아가야 하는 건지 마음을 비우고 주님께 진지하게 묻기 시작하였습니다. 그런데 첫 기도를 하면서 확신이 들었습니다. 하나님께서는 내가 이 공부를 마치기를 원하신다는 것, 내년 일 년 동안 살 것도 하나님께서 해결하실 것 같다는 막연한 확신이었습니다. 어떤 음성을 듣거나 환상을 본 것은 아니었습니다. 그냥 왠지 모르게 하나님께서 해결하신다는 확신이 기도하는 동안 분명하고 뜨겁게 제 마음을 사로잡았습니다. 저는 얼떨결에 다시는 제가 이 공부를 계속하는 것이 과연 하나님의 뜻인지를 묻는 그런 기도를 하지 않겠다고 하나님께 약속을 했습니다. 어떻게 해서든지 공부를 마치는 것이 내가 할 일이라고 생각한 것입니다. 각자의 기도를 마치고 대화를 해 보니 아내가 얻은 확신도 동일하였습니다.

첫날 밤 첫 기도에서 응답을 받은 셈이 되어버린 우리 부부는 더 이상 그 문제로 기도할 일이 없어졌습니다. 그래서 말씀을 묵상하기 시작하였습니다. 빌립보서였습니다. 그런데 둘째 날 2장 뒷 부분을 읽다가 저는 갑자기 눈이 번쩍 뜨이는 것 같은 기분이 들었습니다. 사도 바울과 디모데, 또 사도 바울과 에바브로디도 사이의 핏줄보다도 더 진해 보이는 아름다운 인간관계가 기가 막히게 감동적인 한 폭의 그림처럼 눈에 선하게 떠오른 것입니다. 피를 나눈 사이도 아니고, 같은 고향도, 같은 학교도, 같은 문화권 출신도 아닌 전혀 관계없는 두 사람이 어떻게 서로 상대방을 놓고 '아들'이라 하고 '아버지'라 하며, 혹은 '형님'이라 하고 '아우'라 하며 그렇게 애틋한 관계를 맺고 함께 지낼 수가 있는 것인가? 읽고 또 읽고, 생각하고 또 생각하면서 멍하니 앉아있기를 반복하였습니다. 그러다가 나름대로의 해답을 얻기에 이르렀습니다. 디모데를 두고 하는 사도 바울의 한 마디 말이었습니다.

"뜻을 같이하여 너희 사정을 진실히 생각할 자가 이 밖에 내게 없음이라... 다 자기 일을 구하고 그리스도 예수의 일을 구하지 아니하되 디모데의 연단을 너희가 아나니..."(빌 2:20-22).

이 말씀을 응시하고 있는 동안 사도 바울이 마치 제게 이렇게 말하는 듯했습니다.

"다른 모든 것이 다르지만, 오직 한 가지 점에 있어서 우리는 똑같다. 무엇보다도 하나님의 뜻을 앞세우는 데 있어서 우리는 같고, 무엇보다도 교회의 유익을 앞세우는 데 있어서 우리는 같다. 이것이 핏줄이 같은 것보다도 훨씬 진하게 우리 사이를 얽어매고 있다!"

저는 엎드려서 회개하였습니다. 그때까지 저는, 무엇보다도 하나님의 뜻을 앞세우는 데 있어서 뜻이 같고, 무엇보다도 교회의 유익을 앞세우는 데 있어서 뜻이 같기 때문에 '아버지'라 부를 수 있고 '참 아들'이라 부를 수 있는 사람, 혹은 '형님'이라 부를 수 있고 '동생'이라 부를 수 있는 그런 사람이 나에게도 있어야 된다는 생각을 한 번도 해본 적이 없었기 때문이었습니다. 내가 누구에겐가 그런 사람이 되어 주어야 한다는 것도 물론 생각해 본 적이 없었습니다. 아픈 회개와 함께 저는 나에게도 그런 사람을 주시고, 나도 누구에겐가 그런 사람이 되게 하시기를 평생 기도하며 힘쓰겠다고 하나님 앞에서 다짐하였습니다. 그 이후, 지금도 저는 나에게도 누군가 그런 사람이 있고, 나도 누구에겐가 그런 사람이 되고 싶은 소원을 품고 살아갑니다. 핏줄보다도 더 진한 그리스도 안에서의 그 아름다운 관계를 부러워하며 종종 기도합니다.

다음 한 해를 평안히 지내며 저는 공부를 마쳤습니다. 연말이 되기 전에 학교에서 예상하지 못했던 특별 장학금을 수표로 직접 받아서 다급한 불을 껐습니다. 새해가 되자, 합동신학교로부터 남포교회가 학교에 조성해준 램프장학금에서 일 년 동안 매월 천 불씩의 장학금을 보내주기로 했다는 소식이 날아오면서 문제가 해결되었습니다.

어버이의
마음

박사 논문을 다 마쳐놓고 전체 교수들 앞에서 치러야 될 논문 방어를 위하여 준비하고 있다가 저는 어머니께서 위독하시다는 소식을 들었습니다.

"아버님께서는 너 걱정한다고 연락하지 말라하셨는데, 아무래도 너도 알아야 될 것 같아서 연락하니 그리 알고 있어."

형님의 기운 없는 전화를 받고, 저는 곧바로 교수님을 찾아가 모든 일정을 연기하고 그야말로 급거 귀국할 준비를 하였습니다. 사흘 뒤에야 간신히 비행기표를 구하여, 세 살 때 마지막 본 할머니의 얼굴을 영영 다시 볼 기회를 얻지 못하게 될지도 모를 열 살 배기 아들을 데리고 사경을 헤매고 계시는 어머니 곁으로 돌아왔습니다. 성탄절 전전날이었습니다.

제가 돌아오고 3일째 되던 날 아침에 아버님께서 저를 부르셨습니다.

"내가 잘 아는 양복점에 전화를 해놨으니, 나하고 같이 가서 네 양복 한 벌 맞추자."

이 판국에 느닷없이 무슨 양복인가 하여 의아한 표정으로 아버님을 쳐다보며 사양했습니다. 그랬더니, "똑같은 설교를 해도 옷을 그렇게 입고 하는 것과 제대로 잘 입고 하는 것이 듣는 사람에게는 받는 은혜가 달라."하시는 것이었습니다. 제가 석사를 마치고 잠시 왔을 때 형님께서 작다며 벗어 주셨던 옷을 저는 입고 있었습니다. 멋진 콤비에 비싼 사파리 반코트여서 저는 아주 자랑스럽게 입고 다니는 판인데, 제 아버님 눈에는 허술해 보인 모양이었습니다.

"아버님, 제가 무슨 옷을 입었는가에 따라서 은혜를 받기도 하고, 못 받기도 하는 사람이라면 그 사람은 천하없어도 은혜 못 받는 사람이에요. 이 판국에 무슨 맞춤 양복이에요?"

끝까지 고집을 피워서 그냥 넘어갔습니다. 그러나 저는 혼자 돌아앉아서 눈물을 찔끔거렸습니다. 세상에서 가장 사랑하는 당신의 아내, 50년 이상을 같이 살아 온 그 아내가 당신의 눈앞에서 지금 사경을 헤매고 있는 판국이었습니다. 그런데도 아버지는 목사 아들이 무슨 옷을 입고 설교를 하는가에 더 신경을 쓰신 것입니다. 이것이 부모의 마음인가 하고 생각하니, 처절하리만치 진한 이 어버이의 본능적 애정에 코끝이 찡해오는 감동을 주체할 수가 없었습니다.

이 어른은 제가 수만 리 먼 나라로 유학을 떠날 때, "내가 죽을 때까지 하루에 두 번씩은 너를 위하여 기도하겠다" 하셔서 저를 속으로 울게 하시던 분입니다. 이번에는 하찮은 옷 이야기로 다시 저를 아버지 앞에서 옴짝달싹 못하게 만드신 것입니다. 저는 이 와중에 저의 양복을 맞추는 것은 사경을 헤매고 계시는 어머니에 대한 예의도 아니라고 고집을 피웠습니다. 그렇게 양복점에 가는 일은 취소가 되었습니다. 며칠 후 어머님이 돌아가신 날에야 장례 예복을 갖추기 위하여 다섯 형제가 모두 함께 단체로 옷을 구입하였고, 저도 새 양복을 갖게 되었습니다.

사실 세상의 모든 어버이의 자식에 대한 애틋한 마음은 한 결같습니다. 곰곰 생각해보면, 아니 조금만 주위를 돌아보아 도 금방 알 수 있습니다. 그리고 어버이들의 그러한 자식 사랑 의 모습은 언제나 우리의 마음을 감동시키곤 합니다. 수험생 자녀를 둔 부모들의 그 안쓰러운 모습을 보면서, 아직 믿지 않 는 자식들을 위하여 밤낮없이 안타까운 울부짖음을 하나님께 토해내는 한 어머니의 모습을 보면서, 드디어 주님께로 돌아 온 사랑하는 딸을 눈물을 글썽이며 부끄러운 줄도 모르고 사 람들 앞에서 끌어안고 좋아하는 연로한 한 어머니의 모습을 보면서, 마치 자식에게 큰 죄라도 진 사람처럼 성깔 사나운 아 들 이 모습 저 모습으로 비위 맞추어가며 좋은 사람 한번 만들 어 보려고 애쓰는 한 아버지의 모습을 보면서, 저는 어버이의 마음을 다시 생각해 봅니다.

　　어버이의 마음을 생각하면 한겨울 시골 온돌방의 화롯불 가처럼 마음이 훈훈해집니다.

주고받는 사랑

다른 사람이 내게 베풀어주는 사랑을 받아들이지 못하는 사람은 다른 사람에게 나의 사랑을 베풀 수도 없습니다. 사랑을 받을 줄 모르는 사람은 사랑을 베풀 줄도 모르는 것입니다. 제가 외국에 있던 시절에 어느 부인을 만나서 이야기를 나눈 적이 있었습니다. 이야기 중에 그 여인이 말했습니다.

"나는 다른 사람에게 베풀기만 하지 받지는 않아요."

그 부인은 아주 떳떳하고 자랑스러워하는 기색이 만연하였습니다. 저는 그 부인이 참 불쌍하다는 생각이 들었습니다. 그리고 그동안 이해하기 힘들었던 그 부인의 성격을 비로소 이해할 수 있었습니다. 그 부인은 다른 사람에게 대접을 받거나, 신세를 지는 일을 못 견뎌했습니다. 어떻게 해서든지 되갚아야 할 큰 빚을 진 것처럼 마음에 부담을 느끼곤 하였습니다. 다른 친구들이 특별한 이유 없이 자기에게 호의를 베풀면, 거의 본능적으로 "무슨 의도로 그러지? 무얼 바라는 거지?"하며 경계심에 찬 고민을 하는 것이었습니다. '나는 주기만 하지 받지는 않는 훌륭한 사람'이라는 얼토당토 않은 인생철학이 그 부인을 그렇게 만들었다는 것을 나 나름대로 확인하고 나자, 그 부인이 불쌍해 보인 것입니다. '네 것 너 먹고, 내 것 나 먹자'는 식의 삶은 정말이지 맛도 없고, 멋도 없는 인생살이입니다.

다른 사람의 사랑을 받아들이는 것은 자존심 상하는 일도 아닙니다. 나는 그 사람만 못하다는 것을 인정하는 것도 아닙니다. 다른 사람에게 받은 사랑은 어떻게 해서든지 되갚아주어야 편안해지는 마음은 그다지 성숙한 마음이 아닙니다. 복된 마음도 아닙니다. 다른 사람의 사랑을 받아들이는 것은 그냥 기분 좋은 일입니다. 서로의 인간관계에 따뜻한 훈김이 돌게 하는 아름다운 일입니다. 언제나 받을 궁리만 하고 자기 것을 베풀지 않는 사람은 문제입니다. 그러나 언제나 주려고만 하지 받을 줄을 모르는 사람도 똑같이 문제입니다.

옥합을 깨뜨려서 그 비싼 향유를 부어드린 여인에게 주님이 보여주신 반응은 참으로 감동적입니다. 그리고 도전적이기도 합니다. 제자들은 그 여인에게 사랑을 잘못 베풀고 있다고, 비싼 재물을 허비하고 있다고 비난하였습니다. 그러나 주님은 자기에게 베푼 그 여인의 사랑을 감격스러워하며 받아들이셨습니다. 그 옥합의 재산 가치 때문이 아닙니다. 그 옥합이 꼭 필요해서도 아니었습니다. 옥합을 가지고 온 그 사람의 마음 때문이었습니다. 사랑을 베푸는 데 뛰어난 우리 주님은 사랑을 받아들이는 데도 참 멋이 있으신 분이었습니다.

제가 목회했던 교회에 몸이 많이 불편한 형제가 있었습니다. 재능도 많고, 성품도 좋고, 교회도 열심이고, 다 좋은데 장애가 너무 심하였습니다. 어느 마음 착하고 희생적인 그리스도인 아가씨 한 사람이 그 형제에게 사랑을 느꼈습니다. 둘이서 교제를 하였고, 그리고 마침내 아가씨는 그리스도의 사랑을 가지고 이 형제와 평생을 같이 지내겠다는 결심을 하였습니다. 집안의 극심한 반대에도 불구하고 이 아가씨는 결심을 꺾지 않았습니다.

그러나 두 사람은 결혼을 이루지 못한 채 헤어지고 말았습니다. 그 자매가 집안 식구들의 반대에 굴복해서가 아니었습니다. 그 아가씨가 변절하여 그 형제와 평생을 같이 살겠다던 마음을 거두어들여서도 아니었습니다. 두 사람의 결혼에 가장 큰 걸림돌이 된 것은 바로 그 형제의 마음이었습니다. 그 아가씨가 자기와 결혼하여 평생을 같이 살고자 하는 것이 '그리스도의 사랑으로'라면 자기는 싫다는 것이었습니다. 자기 자신이 좋아서가 아니라, 그리스도의 사랑을 베풀어서 자기와 함께 살겠다는 것은 싫다는 것이었습니다. 자존심이 상하는 모양이었습니다. 내가 내 힘으로 이루어 낸 정정당당한 것이어야지, 상대방이 그리스도의 사랑으로 도움을 '베풂'으로 얻는 것이라면 싫다는 철학인 것 같았습니다. 두 사람은 그렇게 실랑이하다가 얼마 후, 서로 헤어졌다는 소식을 들었습니다. 그것이 상처가 되었는지 아니면 응어리가 되었는지, 그 후로는 뒤틀리는 그 불편한 몸임에도 열심히 나오던 교회마저도 발을 끊고 나오지 않았습니다. 저는 그 젊은이를 떠올릴 때마다 안타까운 생각이 듭니다.

잊어도 되는 자식,
자다가도 눈에 밟히는 자식

유학을 마치고 돌아와 한 교회의 담임목사와 신학교의 교수가 되어 바삐 지내고 있을 때였습니다. 어느 날인가 제 아버님께서 진지하게 말씀하셨습니다. "내가 이제 창균이 너는 잊어버린다." 그동안 대학교를 졸업하고도 제 앞가림도 못한 채 신학 공부한다고, 가난한 부교역자로 교회사역 한다고, 그리고 유학생활 한다고 나이 40이 되도록 힘들게만 사는 자식을 바라보며 한 시도 걱정을 놓을 수 없었던 아버님이었습니다. 그런데 이제 안정된 목회에 정착하는 저를 보시며 하신 말씀이었습니다. 한시름 덜었다는 안도감의 표현이었습니다. 아버님은 제가 어릴 때도 큰 누님이 결혼하여 잘 사는 것을 보시면서 "내가 그 아이는 잊어버린다"는 말씀을 자주 하시곤 하였습니다. 그리고 고생하며 힘든 과정을 지내는 작은 누님을 두고는 그렇게 못잊어 하시면서 눈에 밟힌다고도 하시고, 자다가도 생각이 난다고도 하셨습니다. 아버님께서 제게 "너는 이제 잊어버린다"고 하실 때까지 저는 아버님에게 "눈에 밟히는 자식"이고, "자다가도 생각나는 자식"이었습니다.

10년 넘게 담임 목회를 하는 동안 저는 교인들을 보면서 부쩍 그런 말씀으로 자식에 대한 마음을 표현하셨던 제 아버님의 심정이 절절하게 떠오르곤 했습니다. 부모에게는 "이제 안심하고 잊어버릴 수 있는 자식"과 "눈에 밟혀서 자다가도 생각나는 자식"이 있다는 아비의 그 심정이 어떤 심정인지 우리 교인들을 보면서 실감이 나곤 했습니다. 물론 교인들이 제 자식인 것은 아니지만, 목회자가 품는 교인들에 대한 마음이 때로는 마치 아비의 마음과 같다는 것을 확인하곤 하였습니다. 목회를 하다 보니, 오랫동안 안타까운 마음으로 걱정하며 기도해온 사람인데 드디어 모든 게 잘 되어서 안도하는 마음으로 이제 잊어버릴 수 있는 교인들이 있습니다. 그런가 하면 자다가도 생각이 날 만큼 마음이 아프고 또 걱정이 되는 사람들이 있습니다. 사정이 얼마나 딱하고 마음이 아픈지 한때는 새벽에 그 사람들을 위하여 기도할 때마다, "내가 하나님이었으면 좋겠다"는 생각이 간절하게 들기도 하였습니다. 그래서 한동안 새벽에 하나님께 그렇게 기도하며 하소연을 하기도 하였습니다. "하나님, 제가 하나님이면 좋겠습니다." 단번에 그들의 모든 문제들을 해결해 주고 싶은 마음이었습니다. 때로는 이분들만 잘 되면 나는 가벼운 마음으로 "이제 나는 할 일 다 했다"며 홀가분하게 목회를 내려놓고 나의 길을 갈 수 있을 텐데.... 하는 생각이 드는 사람들도 있습니다.

교인들을 바라보며 이러한 마음을 품는 것은 저의 타고난 성품이 그러해서가 아닙니다. 제가 목회자이기 때문입니다. 이 땅의 모든 목회자가 자기의 교인들에 대하여 품는 공통된 마음이 이것입니다. 그것은 하나님께서 목회자들에게 주신 본능에 가까운 것이기도 합니다.

한번은 지방에 있는 한 교회에 집회 인도 초청을 받아 갔습니다. 그 목사님은 예배당 옆에 있는 목양실을 온돌방으로 꾸며놓고 거기서 살다시피 하고 있었습니다. 집이 없어서가 아니었습니다. 목사님 소유의 대형 아파트가 있는데도 거기서 살지 않고 그렇게 지내고 있었습니다. 자다가도 교인 생각이 나면 새벽 한 시가 되건 두 시가 되건 즉시 일어나 강단으로 올라가 엎드려서 두 시간이고 세 시간이고 부르짖으며 교인들을 위하여 기도한다는 것이었습니다. 그리고 그것이 대형 아파트에서 편히 사는 것보다 좋다는 것이었습니다.

어쩐지... 그 말을 듣고서야 저는 그 교회에 들어가 앉으면서부터 품었던 의문이 풀렸습니다. 교인들이, 심지어 장로님까지도 목사님을 마치 아버지를 모시듯이 하는 것이 참 인상적이었는데, 목사님이 그렇게 아비처럼 그 교인들을 사랑하고 있었던 것입니다. 그 목사님을 보면서 저는 오히려 부끄러웠고, 우리 교인들에게 미안한 마음이 들었습니다.

집회를 마치고 돌아오는 고속열차 안에서, 사도 바울의 말씀이 자꾸 떠올랐습니다.

"우리는 여러분을 사랑하기 때문에 하나님의 말씀을 여러분에게 기쁜 마음으로 전할 뿐만 아니라 여러분을 위해 우리의 생명까지도 기꺼이 내어줄 수 있습니다.... 여러분도 알다시피 우리는 아버지가 자녀를 대하듯 여러분 한 사람 한 사람을 돌보아주었습니다... 진실로 여러분은 우리의 영광이며 기쁨입니다."

눈물이 핑 돌며 사도와 데살로니가 교인들이 참 부러웠습

니다. 우리의 목회 현장도 이러면 좋겠다는 소원과 함께 가슴
이 뜨거워졌습니다.

자녀를 위한 기도

초록색. 어린 시절 한동안 제가 가장 좋아했던 색깔입니다. 누가 제게 무슨 색깔을 가장 좋아하느냐고 물으면, 생각해 볼 필요도 없이 '초록색'이었습니다. 물론 사연이 있었습니다. 초등학교 5-6학년 시절 어느 여름날 오후, 낮잠을 자고 있었습니다. 왠지 이상한 기분이 들어서 살며시 눈을 떠보았더니 어머니께서 저의 머리맡에 앉아서 중얼중얼 하시며 기도를 하고 계셨습니다. 저를 보시더니 어머니는 "너 줄려고 사왔다." 하시며 곱게 접은 반 팔 티셔츠를 주셨습니다. 초록색 반 팔 티셔츠였습니다. 어머니는 그것을 사시기 위하여 아마 잡곡을 좀 내다 팔거나, 밭의 채소를 뽑아서 동네 식당에 파셔야 했을 것입니다. 새 옷 하나를 사서도 아들의 머리맡에 놓고 기도하시는 어머니의 모습을 본 것이 어린 제 마음을 얼마나 행복하게 했던지, 그 이후 한동안 초록색은 제가 가장 좋아하는 색이었습니다. 그 색깔 때문이 아니라, 그 색깔을 보면 내 어머니의 그 훈훈함이 다시 느껴지기 때문이었습니다.

대학교를 졸업하고 주위의 모든 사람이 반대하는 가운데 신학교를 가려고 투쟁(?)하고 있을 때, 어머니는 반대하시던 태도를 바꾸어 나를 후원해주신 최초의 어른이 되어주셨습니다. 저의 그 문제로 하룻밤을 어디엔가 가셔서 기도를 하고 돌아오시더니, 저를 불러 앉혀놓고 물으셨습니다. "창균아, 너 꼭 신학교 가야되겠냐?" "예 엄마, 저 꼭 가야 해요." 그러자 꼬깃꼬깃 접은 종이쪽지를 건네주시며 말씀하셨습니다. "그래, 가거라. 그리고 공부 열심히 하여 꼭 신학박사가 되거라. 이것이 네게 주시는 하나님의 말씀이다. 노트 한 장을 찢어 여러 번 접은 그 쪽지에는 성경 말씀 한 구절이 적혀 있었습니다.

"눈물을 흘리며 씨를 뿌리는 자는 기쁨으로 거두리로다. 울며 씨를 뿌리러 나가는 자는 정녕 기쁨으로 그 단을 가지고 돌아오리로다"(시 126:5-6).

박사 학위를 꼭 따라는 말씀이 아니었습니다. 당시 어머니에게 신학박사는 곧 '훌륭한 목사'를 의미하는 것이었습니다.

저는 그 쪽지를 들고 당시 한창 연애 중이던 지금의 아내에게 달려갔습니다. 어머니께서 신학교 가는 것을 허락하셨다는 기쁜 소식을 전했고, 우리는 둘이서 그 쪽지를 읽고 또 읽었습니다. 그때 어머니께서 일러주셨던 그 말씀은 우리 부부가 사역자의 길을 걸어오면서 어려운 상황을 만날 때마다 언제나 큰 힘이 되어 오고 있습니다. 아이들이 말귀를 알아들을 나이가 되었을 때 이 이야기를 아이들에게 말해주었습니다. 이제 어머니가 주신 시편의 말씀은 우리 아이들에게까지 대물림이 되었습니다.

신학박사가 다 되어 이제 학위 받을 일만 남았을 때였습니다. 저는 어머니께서 위독하시다는 연락을 천만리 머나먼 곳에서 받았습니다. 24시간 동안 비행기를 타고 이 어른의 마지막을 보고자 날아왔습니다. 그분은 3일째 의식불명이었습니다. 그 옆에 제가 앉아서, "어머니 창균이 왔어요. 신학박사 되어 왔어요." 소리를 쳤습니다. 어머니는 눈을 똑바로 뜨셨습니다. 그리고 저의 가슴을 여러 번 여러 번 쓰다듬으셨습니다.

"이 아들 기다리고 계셨었구만!"
누군가가 옆에서 그렇게 말했습니다. 그리고 일주일 후, 그분은 목사인 아들이 인도하는 가족 예배와 찬송 소리를 들으며, 목사 아들이 어머니의 이마에 손을 얹고 있는 동안 조용하고 평화롭게 그가 사모하던 아버지께로 가셨습니다. 일흔 넷의 한 평생이었습니다.

제가 지금도 문득문득 그분을 사무치게 그리워하는 것은, 성경도 더듬더듬 읽는 왜정시대 소학교 출신의 무식한 시골 여인이었음에도 불구하고 자식들을 신앙으로 키워내시려고 그렇게 애쓰시던 그 모습 때문입니다. 수줍은 듯 조용조용 속삭이시던 기도였지만, 간절함으로 계속해오시던 그 모습 때문입니다. 누군가는 그랬습니다. 자식에게 어머니의 기도보다 더 강력한 것은 없다고. 이렇게나마 목사가 되고, 신학박사가 되고, 한 교회의 목회자가 되고, 신학교의 교수가 되었는데, 이 모습을 보고 싶어 하시며 그렇게 기도하시던 그분이 지금은 제 곁에 계시지 않으니 저는 때로 마음이 답답합니다.

제가 신학대학원의 정식 교수로 임용이 되어 교수 서약을 하던 날은 어머니의 산소에라도 한번 가보고 싶은 마음이 들기도 하였습니다. 옛 시인의 말대로, 나무는 가만히 있고자 하나 바람이 가만히 있지를 않고, 자식은 부모를 잘 봉양하고자 하나 부모가 기다려 주지를 않습니다. 자식은 부모에게 언제나 빚진 자입니다. 어버이 주일이 되니, 제가 빚 갚을 겨를도 없이 떠나버리신 두 분이 더욱 그리워집니다.

자신 있게 말하는
하나님의 사랑

저의 막둥이 아들에게는 하나님이 자기를 사랑한다는 분명한 확신이 있습니다. 너댓 살 어린 꼬마 때부터, 하나님이 아니었으면 자기는 이 세상에 나올 수 없었다는 것을 의심 없이 믿고 있습니다. 우리 아이가 이러한 생각을 분명히 갖게 된 데는 사연이 있습니다.

그 아이가 태어난 때는 온 나라가 '둘만 낳아 잘 기르자'고 아우성을 쳐대는 시절이었습니다. TV도, 라디오도, 길거리 포스터도, 정부의 구호도, 온통 '자녀는 둘만 낳아야 한다'고 야단법석이었습니다. 그리하여 사람들은 나름대로의 뚜렷한 근거도 없이 무조건 '자녀는 둘만 낳아야 한다'고 생떼를 쓰게 되었고, 이렇게 여론에 세뇌된 세상이 저는 못마땅했습니다. 그러한 세태에 대하여 반골 기질이 발동하여 저는 아내에게 자녀를 하나 더 낳자고 제안하였습니다. 자녀는 얼마든지 둘 이상을 낳을 수도 있다는 사실을 나라도 보여주자는 객기가 발동한 것입니다. 그러나 "내가 아이 낳는 기계인 줄 아느냐?"고 면박을 당하였습니다. 그때 이미 우리는 세 살, 두 살의 두 아이가 있었습니다. 면박을 당한 이후, 저는 말없이 하나님께 기도를 시작하였습니다.

"아내의 마음을 바꾸어 주셔서, 딸 아들 구별 말고 자녀 하나를 더 주옵소서."

기도를 시작하고 일 년이 되었을 때, 갑자기 아내가 조용히 말을 꺼냈습니다.

"우리 다음 달 한 달 준비 기도하고 아이 하나 더 가질까요?"

저는 "알아서 해." 하고 일부러 덤덤하게 대답했지만, 속에서는 환호성이 터져 나왔습니다. '그러면 그렇지, 내 기도가 어디로 가나?' 그렇게 해서 아내는 한 달 뒤 임신을 했습니다. 그런데 임신 3개월이 되자 아내에게 견딜 수 없는 두통과 흉통이 닥쳐왔습니다. 견디다 못해 산부인과를 찾았습니다. 큰 아이를 출산했던 병원에 갔더니, 태아가 죽었다고 했습니다. 다른 한 병원에 갔더니 거기서는, 아이가 죽었을 뿐만 아니라 이미 부패하기 시작하였으니 빨리 긁어내지 않으면 산모도 위험하다고 하였습니다. 잘 알고 지내던 한의사 장로님을 찾아갔습니다. 임신 맥이 잡히지 않는 것을 보니 의사의 말이 맞다고 하셨습니다. 그분은 약 세 첩을 지어주며 아마 두 첩만 달여 먹어도 아이가 쏟아질 것이라고 했습니다. 밖에서 약탕기에 약 앉히는 소리를 들으면서 방에 우두커니 앉아 있자니 불현듯 한 생각이 떠올랐습니다.

'하나님께서 그 아이를 이렇게 없애시려면 주시지를 않았을 것이다!'

저는 일어나 나가서 약 달이는 것을 멈추게 했습니다. 그리고 다시 다른 병원에 가서 초음파 사진을 찍어보도록 했습니다. 돈도 없거니와, 의사들이 너무 자신 있게 말을 해서 우리는 초음파 사진을 찍어 볼 생각을 하지 않았던 것입니다. 삼만 오천 원을 빌려서 초음파 사진을 찍으러 갔습니다. 그 사진에서 아내는 올챙이 같이 생긴 생명체가 이리저리 헤엄을 치며 다니는 것을 보았습니다. 그리고 컴퓨터에, 신장 8mm, 10주 3일, 출산예정일 3월 8일이라고 기록되어 있는 것을 보았습니다. 의사는 아이가 아주 건강하다고 했습니다. "그놈 참 건강하다!" 다음 해인 1986년 3월 6일, 우리 막둥이 아이가 고추를 달고 이 세상에 나왔습니다. 간호사가 아이를 안고 와서 눕히면서 말했습니다.

"아이가 울지를 않아서 어려웠으니 한동안 잘 살펴보세요."

'이 아이를 지금 어떻게 하시려면 아예 나오지를 않게 하셨을 거요.'

저는 혼자 속으로 중얼거리며 갓난이 옆에 누워서 한잠을 푹 잤습니다.

막둥이가 네 살 되었을 때 저는 이 이야기를 해주었습니다. 제게 그 사연을 들은 이 아이는 하나님께서 자기를 사랑하신다는 것을 조금도 의심 없이, 그리고 주저 없이 말하곤 합니다. 자기에 대한 하나님의 사랑을 이렇게 확신하며 사는 이 아이가 참 복되게 여겨집니다.

"주님, 제 아내를 저보다 더 오래 살아 있게 마옵소서."

　남편이라는 인간이, 그것도 목사가 자기 아내를 두고 한때 이런 기도를 했다면 아마 웃으시겠지요? 제가 한창 박사 논문에 열중이던 90년대 초 언젠가였습니다. 어쩌면 주님께서 나를 아내보다 먼저 불러 가실지 모른다는 생각이 불현듯 들었습니다. 그래서 한동안 아침마다 기도했습니다.

　"주님, 제 아내를 저보다 오래 살아 있게 마옵소서."

　우리 부부 사이에 더는 함께 살 수 없는 무슨 철천지 원한과 미움이 생겨서가 아니었습니다. 내가 더 오래 살고 싶다는

마음에서도 아니었습니다. 목사 부인이 죽으면 후보자가 줄을
선다는 정체불명의 떠도는 헛소리에 마음이 혹해서도 아니었
습니다.

뼛속에 사무치는 아내에 대한 사랑 때문에 그 기도가 절로
나왔습니다. 질 낮은 유행가 3절 가사 같다고 저를 비웃으신대
도, 웃기지도 않는 신파극 넋두리 같은 소리라고 저를 놀려댄
대도 저는 그렇게 말할 수밖에 없습니다. 정말 아내에 대한 절
절한 사랑 때문에 그렇게 기도가 나왔다고 할 수밖에 없는 것
입니다. 혹시 그것이 사랑이 아니라면 최소한 아내에 대한 애
절한 걱정 때문에 그렇게 한 것이었습니다.

벌어놓은 것도 없이, 벌 능력도 없이 남편과 아이들과 교회
밖에 모르며 사는, 키만 덜썩 크고 마음은 착하디 착한 아내가
셋이나 되는 어린 것들을 데리고 혼자서 살 모습을 상상하니,
차라리 내가 살아남아서 아이들을 데리고 혼자 살아야겠다는
생각이 들었던 것입니다. 그때 저는 '열심히 사랑해야지', '열
심히 사랑해야지'하는 다짐을 여러 번 여러 번 했습니다. 그리
고는 시간이 흐르면서 그 기도를 까맣게 잊고 지금까지 지내
왔습니다. 그런데 오랜 세월이 지난 지금 갑자기 그때 생각이

다시 떠오른 데는 이유가 있습니다.

목사 사모님이시던 처고모뻘 되는 분이 있는데, 남편이신 목사님이 40일 금식 기도 후에 세상 떠나자 어린것들 데리고 막연해 하다가, 그나마 평소에 성경학교 좀 다녀놓았던 것 있어서 어느 교회 전도사로 부임하여 연명하는데, 찢어지게 고생하는 꼴 차마 볼 수가 없어서 미국에 있는 시숙이 미국으로 데려 갔다는 뒷이야기를 들으며…. 나이 40도 채 안된 고향 후배 목사가 고혈압으로 갑자기 세상을 떠나고, 그 부인은 마침내 보험 외판원으로 취직했다는 소식을 들으며…. 제가 대학교 졸업하고 신학교 가려고 자기 번민으로 밤잠 못 자고 주위의 반대로 기진맥진 해 있을 때, 그렇게 힘이 되고 위로가 되어 주셨던 부평의 류 목사님이, 네 자녀 그대로 남겨두고 입원하여 3일을 못 넘기고 갑자기 세상을 떠나셨다는 아픈 전갈을 뒤늦게 전해 듣고 가족이 어디로 떠났는지를 수소문하면서….

문득 몇 년 전 외국 땅 한 구석에서 제가 아내를 놓고 했던 그 기도가 다시 생각났습니다. 목사님이 세상 떠나고 2주 지나자 사택 비워달라고 찾아온 교회로부터 받은 아픔은 차라리 남편 잃은 아픔보다도 더 큰 것이었다고 털어놓은 어느 '홀

사모' 이야기와, 이 이야기를 일간지에서 읽고는 겁에 질려서 "우리도 하루에 천원씩이라도 저금을 하자"고 심각하게 말하더라는 친구 목사의 초등학교 아들 녀석의 이야기를 들으면서, 저금은 못 해도 기도는 다시 시작해야 하는 것 아닌가 하는 생각이 문득 들었습니다.

제가 이러한 생각을 하는 것은 고아와 과부를 책임지시는 하나님을 믿지 못하는 못된 목사이기 때문일까요? 아니면 어떤 교회들의 교회다워 보이지 않는 '인정머리' 없는 풍토에 겁을 먹었기 때문일까요? 어쩌면 둘 다일는지도 모르겠습니다.

이슬
방울 하나

아픔

떠나지
마십시오

아주 오래 전, 아마도 제가 대학생이던 시절 겨울 어느 날 오후였을 것입니다. 아버님과 한 방에 있는데 성경을 읽으시던 아버님께서 한숨을 쉬시며 혼잣말처럼 말씀하셨습니다. "장로가 되어 말씀으로 교인들을 잘 돌봐야 되겠는데, 말씀을 잘 읽고 깨달아보려 해도, 한창 배워야 할 때 쉬어버렸더니 이제는 뒷장 읽으며 앞 장 읽은 걸 잊어버린다." 이 말씀이 제 아버님께는 통한이 어린 말씀이었습니다.

제 아버님은 17살에 예수님을 영접하였습니다. 일제하에서 김용안 목사님이란 좋은 목사님을 만나 전도를 받고 많은 사랑을 받으며, 교회의 촉망받는 일꾼으로 신앙생활을 하셨습니다. 그런데 20 수년이 지난 후, 그 교회에 큰 싸움이 일어났습니다. 교인들이 두 패로 갈라졌습니다. 이 유망한 젊은 집사를 서로 자기 편에 끌어들이기 위하여 서로 제 아버님을 잡아당겼습니다. "이렇게 싸우는 놈의 교회 그만 다니겠다"면서 아버님은 많은 상처를 안고 교회 생활을 중단하셨습니다. 아버님 말씀대로, '한창 말씀을 배워야 할 때' 교회를 떠난 것입니다. 그리고 10년 세월이 훌쩍 지났습니다.

10년 후, 제 어머니의 숱한 눈물의 기도와 여러 가지 우여곡절 끝에 아버님은 다시 교회로 돌아오셨습니다. 다시 교회로 돌아오시면서부터는 목숨을 버리면 버렸지 신앙을 버릴 수는 없다는 기개로 80을 내다보실 때까지 남은 평생을 살아오셨습니다. 교회를 사랑하는 열심과 목회자를 섬기는 진지함을 저는 이 어른의 모습을 보며 배웠습니다. 그런데 이 어른이 그때 그렇게 교회를 떠났던 것을, 다시 돌아오시고 20년이 넘어서 이렇게 탄식 어린 말씀으로 어린 자식 앞에서 후회하고 계시는 것이었습니다.

"말씀을 잘 알아야 교회도 잘 돌보고, 장로 일도 잘할 수 있겠는데⋯. 말씀을 잘 깨달아 보려 해도 이제는 뒷장 읽으며 앞장 읽은 걸 잊어버린다." 저는 그때 단단히 결심을 했습니다.

'나는 어떤 일이 있어도, 어떤 시험을 당해도 절대로 교회를 떠나지는 않는다! 결국 나만 손해다. 늙어서 후회다!'

목회를 시작하고 얼마 안되어 저는 한동안 잊을 수 없을 한 사람을 만났습니다. 음력설을 사흘 앞둔 날 밤 11시가 넘어서였습니다. 큰 시험과 상처를 받은 것이 계기가 되어 오래전에 교회를 떠난 분이었습니다. 교회를 떠난 이후 마치 반항아처럼 닥치는 대로 세상을 살다가 이제는 거의 폐인이 되어, 좁은 방안에 덩그러니 누워 의식마저도 완전하지 않은 안타까운 모습으로 저와 마주쳤습니다. 그분의 과거의 신앙 경력과 한때 열심 있어 보이던 교회 생활에 대하여 익히 들어왔던 저는 이렇게 폐인이 되어 죽음의 문턱에 엎드러져 있는 그분의 그 모습을 보는 순간 울분이 치밀어 올랐습니다. 인생의 우매함에 대한 울분이었고, 그 꼴이 되어 죽음 앞에 돌아 온 그분에 대한 안타까움의 울분이었습니다. '세상을 떠나는 마지막 모습이 얼마든지 이러지 않을 수 있었는데….'

그분의 머리맡에 앉아서 목청을 돋우어 말했습니다.

"○○○씨! 나는 교회의 목삽니다. 예수님 없이는 인생이다 쓸 데 없습니다. 하나님이 주신 인생을 너무나 많이 허비해 버렸잖아요!"

의식이 없이 뒤틀린 몸만 간헐적으로 퉁퉁 튀어오르던 그분이 눈을 똑바로 뜨고 저를 쳐다보았습니다.

"예수님께서 ○○○ 씨를 사랑하세요. 이제라도 회개하고 다시 예수님께 돌아오실 맘이 있으시면 내 손을 한번 쥐어보세요!"

눈을 감은 채로 제 손을 꼭 쥐었습니다. 이미 언어를 잃어버린 처지여서 그것이 유일한 의사 표현의 수단이었습니다.

"같이 예배를 드리겠습니까?"

제 손을 꼭 쥐었습니다.

"마음속에 예수님이 계십니까?"

다시 제 손을 꼭 쥐었습니다.

그렇게 이리 묻고 저리 확인하는 제게 그분은 너댓 번 제 손을 쥐며 대답을 하였습니다. 저는 땀을 줄줄 흘리며 힘을 다하여 그분을 위하여 기도했습니다. 이분이 지금 주체할 수 없는 후회와 탄식을 하고 있다는 생각이 들었습니다. 그러면서 한편으로는 "이제라도 왔으니…." 하며 감사하고 있는 것 같다는 생각이 들었습니다. 자정이 다되어 돌아오면서, 교회를 떠났던 것을 후회하시던 제 아버님 생각이 났습니다. 그리고 그때 제가 품었던 결심이 다시 생각났습니다. '나는 어떤 일이 있어도 절대로 신앙을 버리고 떠나지는 않는다. 나만 손해다. 늙어서 후회다.'

혹시 교회를 떠나버리고 싶은 상처가 있고, 훌훌 털고 뛰쳐나가 마음껏 날개짓을 하며 자유를 누려보고 싶은 유혹이 먹음직도 하고 보암직도 한 선악과처럼 눈앞에서 어른거릴 때에도 부디 떠나지 마십시오. 여기서 해결 못한 그 문제는 다른 곳에 가도 또 있답니다. 결국 나만 손해입니다. 늙어서 후회입니다. 죽는 순간에야 탄식입니다.

다음 날, 그분은 하나님의 부르심을 받았습니다. 나는 정성을 다하여 그분의 장례를 치루었습니다.

목자 없는
설움

어쨌든 교회에 목회자가 없다는 사실은 교인들에게는 큰 설움입니다. 흔한 일이 아니기는 하지만, 요즘에도 싸우는 교회들이 종종 있습니다. 궁지에 몰린 정치꾼들이 TV에 나와서 흔히 둘러대는 말처럼, "있을 수도 없고, 있어서도 안되는 일"이지만 교회 안에서도 드러내 놓고 편을 가르고, 맞붙어서 충돌을 하는 그런 "쌈박질"이 가끔씩 일어나고 있습니다. 그런데 이런 싸움은 대부분의 경우 교회 지도자들 사이의 싸움이기 일쑤입니다.

저는 역사가 꽤 오랜 교회에서 자랐습니다. 사실은 아랫녘 지방에서는 역사가 가장 오래된 교회입니다. 지난 60년대 중반, 제가 중학교 2-3학년 때 우리 교회는 큰 싸움을 하였습니다. 일간 신문에 교회의 싸움이 중계되고, 교회는 큰 아픔을 겪었습니다. 제가 중2이던 여름 어느 주일날이었습니다. 예배를 드리러 11시 예배에 갔는데 가서 보니 그것은 예배가 아니었습니다. 목사님이 강단에서 기도를 시작하려 하는데 어디서 난데 없이 찬송이 터져 나왔습니다. 한 젊은 집사님이 나와서 손을 휘저어 지휘를 하면서 그 찬송을 인도하였습니다. 소위 장로파 사람들이었습니다. 목사님은 그 방해의 찬송이 끝나기를 기다리며 가만히 서 계셨습니다. 그런데 찬송을 마친 그분들이 기도를 하려 하자 이번에는 또 다른 데서 찬송이 터져 나왔습니다. 소위 목사파로 분류되는 무리들이었습니다. 서로 자기파 사람들에게 찬송가 장수를 알려주기 위한 손가락 신호가 오갔습니다.

시간이 갈수록, 서로 상대방에 대한 악감정에서 터져 나오는 여러 행동들이 행해지고 예배는 모독을 당하고 있었습니다. 양쪽 모두가 자기들 나름대로는 명분이 분명했습니다. 교회가 잘못되는 것을 막고 교회를 지키기 위한 어쩔 수 없는 일이라는 것이었습니다. 차라리 "굳세어라 금순아"를 불러대든지, 아니면 "눈물 젖은 두만강"을 불러댈 일이지, 왜 상대방의 예배를 방해할 이런 목적으로 찬송가들을 불러대는가? 분노와 두려움이 범벅이 되어 석고상처럼 굳어있는 저를 저의 학교에서 윤리도덕을 가르치시던 염 선생님께서 어깨를 툭툭 치며 저를 불러내셨습니다. "오늘은 그냥 가거라" 하셨습니다. 집으로 돌아오며 저는 왠지 서럽고, 분이 차서 통곡을 하며 눈물범벅이 되어 걸었습니다. 중2 어린 것이 뭘 알아서 그랬을 거냐구요? 저는 그랬습니다. 그 충격이 그렇게 컸기에 수십 년 긴 세월이 흐른 지금도 이렇게 또렷이 그 경험을 기억하고 있는 것입니다.

그 이후 상당한 기간을 목사님이 안 계신 채로 우리는 지내야 했습니다. 물론 머리 허연 연세 드신 목사님이 주일마다 손님 목사님으로 오시기는 하였습니다. 그러나 우리 아버지와 같은 우리 목사님은 아니었습니다. 학교에 가서도, 교회 연합 행사에 가서도 나는 내놓고 이야기할 "우리 목사님"이 없었습니다. 목자 없는 교회 교인의 사무치는 서러움이었습니다. 교회 안에 있었던 목사님 사택에는 쥐가 질주를 하였습니다. 후에 미국으로 가신 최 선생님께서 우리 고등부 학생 몇 사람을 모아서 주일 새벽이면 그 사택 방에서 가끔씩 코피를 쏟으시면서까지 성경공부를 시켜주셨습니다. 그 집에 들어갈 때마다 저는 목사님이 안 계셔서 비어있는 그 집이 얼마나 썰렁하게 느껴졌던지…. 제가 고2 때인가, 드디어 목사님이 오셨습니다. 처음 목사님이 오셔서 강단에 서시고 가족을 불러내어 교인들에게 소개하실 때 제 속에서 터져 나온 탄성이 있었습니다. "이제 우리도 아버지가 있다!"

제가 담임 목회를 시작하고 몇 년이 지났을 때, 외국에 갔다가 한 달 만에 돌아오니 여러 교인이 "목사님이 안 계시니 주일날 교회를 와도 왠지 쓸쓸하고 허전하고 그랬어요." 하면서 아주 반가워했습니다. 어렸을 때의 그런 경험 탓인지, 저는 그것이 무슨 말인지 얼른 알아들을 수 있었습니다. 필리핀 단기선교를 마치고 돌아와서, "이번에 가서 피곤한 모습으로 우리 앞에서 왔다 갔다 하시는 목사님 장로님을 보면서 저분들이 나의 아버지다 하는 생각이 갑자기 들었다"고 간증하던 한 청년의 말을 들으면서도 그것이 무슨 말인지, 그 청년이 어떤 심정으로 그렇게 말하는지 저는 얼른 알아들을 수 있었습니다.

어떤 이유로든지 교회의 지도자들이 편이 갈리어 싸우는 것은 하지 말아야 합니다. 교회의 지도자 여러분. 싸우지 마십시오. "주님의 영광"과 "교회의 유익"을 빙자한 자기 고집에 집착한 여러분의 패거리 싸움 때문에, 죄 없는 양들의 가슴에는 피멍이 들고, 주인이신 주님의 이름은 세상에서 능욕을 당합니다.

목회자가 해야 할 가장 중요한 일은 교인들에게 은혜를 끼치고 그들을 변화시키는 것입니다. 이것은 참으로 신나는 일입니다. 사역에서 이러한 일이 잘 나타나지 않을 때는 목회자로서 자신의 존재 이유에 대한 깊은 회의에 빠지게 됩니다. 더욱이 교인 가운데 누군가가 이것을 문제 삼으며 우리 곁을 떠나겠다고 할 때면 참으로 참담해지기도 합니다. 가장 중요한 곳에 치명타를 받은 것이 되기 때문입니다.

멀리서 교회를 오가며 열심히 신앙생활을 하면서 늘 힘이 되어주던 집사님이 찾아왔습니다. 남편이 오랫동안의 교회 생활에도 불구하고 은혜를 받지 못하고, 교회 생활을 힘들어한다는 것이었습니다. 그래서 집 근처의 가까운 다른 큰 교회로 옮겨서 다시 시작해 보기로 했노라는 통보를 하고 갔습니다. 나의 목회는 가장 중요한 부분에서 실패하고 있다는 생각이 들었습니다. 사도 바울이 말씀대로 하면 목회란 성도 각 사람을 하나님의 면전에 그리스도와 연합한 온전한 사람으로 세우는 일인데... 나는 그 일에 실패하였다는 자괴심이 나를 괴롭게 하였습니다.

차라리 교회가 작아서 못 있겠다고 한다면 저는 용수철처럼 더 힘 있게 튀면서 큰 교회로 어서 가시라 할 수 있었을 것입니다. 차라리 교인들끼리 싸우고 이제 떠나겠다고 한다면 더 적극적으로 달라붙어서 왜 떠나면 안되는지 설득할 말이 많았을 것입니다. 그러나 남편이 은혜를 받지 못하여 교회를 옮겨서 다시 시작해보겠다는 데는 할 말이 없었습니다. 한없는 무력감, 실패하고 있다는 자괴감, 이 짓을 그만했으면 좋겠다는 좌절감. 그런 것들이 나를 사로잡았습니다. 내가 뭐가 대단한 목사라고 나와 함께 있는 모든 교인이 다 은혜받고 자라야 한다는 교만함도 아니었습니다. 누구보다도 헌신적이고 열심이었던 교인이 그렇게 나온 것에 대한 배신감이나 서운함도 아니었습니다. 다만, 목회자가 해야 할 가장 중요한 일에 나는 실패하고 있다는 판단에서 오는 자신에 대한 아픔일 뿐이었습니다.

그 수요일은 하루 내내 이유 없는 눈물이 자꾸 흘러내렸습니다. 왜지 슬프기도 하고, 왜지 쓸쓸하기도 하고, 왜지 서운하기도 하고, 왜지 초라하기도 하고, 왜지 나를 부르신 주인님께 죄송하기도 하고, 그리고 긴 시간을 내색도 하지 못한 채 마음 고생을 하며 그렇게 아픈 고민을 했을 그 부부에게 면목이 없기도 하고...

그러다가 저는 골로새서 1장 마지막 부분에서 하신 사도 바울의 말씀을 만났습니다. 사도의 말씀대로 하면, 우리는 복음의 일꾼이요 교회의 일꾼입니다. 복음의 일꾼이란 복음의 주체이신 그리스도의 일꾼이란 말이고, 교회의 일꾼이란 그 그리스도께서 세우신 교회 곧 교인들을 위한 일꾼이라는 말입니다. 그러므로 복음의 일꾼이라는 말이나 교회의 일꾼이라는 말은 결국 같은 실체에 대한 다른 표현입니다(23, 25절). 우리가 이러한 일꾼이 된 것의 결정적인 근거는 우리 하나님의 경륜이었습니다. 경륜이란 하나님께서 사랑어린 깊은 관심과 완벽한 계획으로 우리 인생에 개입해 오신 것을 말합니다(25절). 이 일꾼이 해야 하는 가장 중요한 일일 뿐만 아니라, 이 일꾼이 하는 모든 일의 가장 중요한 핵심은 그리스도를 드러내어 모든 지혜를 가지고 각 사람을 권면하고, 각 사람을 가르치고, 그리하여 각 사람을 하나님의 면전에 그리스도와 연합된 온전한 사람으로 세우는 일입니다(28절). 그리고 이 일을 이루기 위해서 두 가지가 반드시 필요합니다(29절). 첫째는 일꾼인 우리 자신의 "힘을 다하는 수고"입니다. 교인들을 위한 것이라면 그것이 괴로움일지라도 즐거워하고, 그리스도를 위한 것이라면 그것이 고난일지라도 내 육체에 담는 것입니다(25절). 둘째는 우리 속에서 "능력으로 역사하시는" 우리 주인님의 역사입니다. 사실 우리가 힘을 다하여 수고함으로 이룰 수 있는 일은 별로 없습니다. 있다 할지라도 별로 대단한 일도 아닙니다. 그러나 그렇게 수고하는 우리에게 우리 안에서 능력으로 역사하시는 주님의 역사가 있어서 그런 놀라운 일을 이루어내기도 하고, 그 역사를 체험하는 우리가 한없는 신바람을 내기도 하는 것입니다. 이것이 사도 바울이 골로새서 1장 24~29절에서 하신 말씀입니다.

저는 이 말씀을 그 수요일 저녁 예배에서 설교하였습니다. 그리고 다시 용기를 냈습니다. "나의 힘을 다하는 수고" 그리고 "내 속에서 능력으로 역사하시는 이의 역사!" 목회 평생에 교인을 떠나보내야만 하는 이런 일이 한두 번이겠는가! 그러기에 "내 속에서 능력으로 역사하시는 우리 주님과 성령님의 역사"가 있지 않은가! 그래서 나는 눈물을 훔치며 다시 일어났습니다. 그리고 그 부부를 미련 없이 부자 동네의 큰 교회로 떠나보냈습니다. 그곳에서는 부부가 함께 은혜를 받으며 행복한 신앙생활을 하면 좋겠습니다.

목회자에게 가장 어려운 순간들

목회를 하다 보니 참으로 견디기 어렵고 헤쳐 나가기 힘든 순간들이 있습니다. 목사라면서 힘들고 어려운 때가 있다고 말하면 그 목사의 목사 됨을 의심하고 그러다가 그 목사의 믿음까지도 의심할지 모르겠습니다. 실제로 어느 선배들은 교인 앞에서 약점을 고백하면 교인들이 은혜받는 데 지장이 되니까 자신의 어려운 사정은 내색을 하지 않는 것이 목회자의 지혜라고 가르치기도 합니다. 그러나 사실은 사실입니다. 저는 일이 있으면서도 아무 일도 없는 체, 언제나 나는 괜찮은 체 그렇게 속고 속이며 살고 싶지는 않습니다.

무엇이 그렇게 견디기 어렵고 헤쳐나가기 힘이 드는지 아마 짐작하기가 쉽지 않을 것입니다. 경제적인 어려움이 아닙니다. 웬만한 목회자들은 경제적인 어려움을 내색하지 않고 스스로 견뎌내는 데는 상당한 훈련과 능력을 갖추고 있습니다. 사람으로부터 당하는 어려움도 아닙니다. 목회자들은, '예수는 그의 몸을 사람들에게 의탁하지 아니하셨으니 이는 친히 모든 사람을 아심'이라는 사도 요한의 말씀을 마음 깊이 새기며 외로움과 상처를 견디는 데도 잘 훈련이 되어 있습니다. 제가 가장 힘이 드는 문제는 문득문득 저의 양심을 후벼 파며 비집고 들어오는 저 스스로에 대한 고뇌에 찬 질문 때문입니다 '내가 과연 목회자로 부름을 받았는가? 이러고도 내가 과연 목회자인가?' 하는 자기 회의의 질문입니다. 때로는 정말 자신이 목회자라는 사실을 인정하고 싶지 않을 때가 있습니다. 저의 사고방식을 살펴보고 있노라면 그런 생각이 들 때가 있습니다. 제가 취하고 있는 처신이 그런 생각이 들게 할 때가 있습니다. 저의 사역의 결과가 그런 의심을 불러일으킬 때도 있습니다. 때로는 저의 목회 사역에 대한 교우들의 반응이 그러한 회의에 빠지게 할 때도 있습니다. 우리 교우들이 저의 속을 훤히 들여다볼 수만 있다면 교우들도 제가 자기들의 목회자인 것에 대하여 상당한 실망을 할 것입니다. 아니, 이제 그만 짐을 챙겨서 떠나주기를 원할는지도 모르겠습니다. 그런데도 저는 언제나 '목회를 그만 두어야 한다'는 결론에는 이르지 못한 채, 고뇌에 찬 신음을 하며 계속 목회자의 삶을 살아갑니다. 맹세코, 저의 밥벌이 걱정 때문에 어쩔 수 없이 구차하게 목회자 생활을 이어 가고 있는 것은 아닙니다.

사실 하나님께서 '과연 너는 목회자로 부름받지 않은 사람이다'하고 한마디만 해주시면 길바닥에 나 앉을망정 당장이라도 목회를 내려놓을 마음도 있습니다. 그런데도 왠지 아직은 '그럼에도 불구하고 하나님께서 나 같은 것을 목회자로 부르셨다'는 이율배반적인 확신 또한 부인할 수가 없습니다. 그래서 저는 더 괴롭고, 견디기가 힘들어지곤 합니다. 신학생 시절에 박윤선 목사님께서 자주 하셨던 말씀을 가끔 떠올려보기도 합니다. "신학교에 들어 왔다고 해서 반드시 졸업해야 하는 것 아닙니다. 신학교 졸업했다고 해서 반드시 목사가 되어야 하는 것이 아닙니다. 목사가 되었다고 해서 반드시 목회를 해야 하는 것은 아닙니다. 나는 아니다 싶으면 언제라도 그만 두십시요."

언제부터인가 무거운 짐처럼 나를 억누르며 계속 쏟아져 나오는 기도 제목이 있습니다. "목자가 되게 해주옵소서." 저는 목사 안수를 받으면 목회자가 되는 줄 알았습니다. 그러나 안수받은 목사라는 직함과 목자와 같은 목회자라는 실상은 전혀 다를 수 있다는 두려운 사실을 목회 연륜이 쌓여갈수록 점점 더 실감하게 됩니다. 요즈음에는 또 다른 기도의 제목이 저의 가슴과 입술을 사로잡고 있습니다. "아비의 마음을 주옵소서." 새벽마다 점점 더 절박한 기도가 됩니다. 사실, 이러한 간구는 이 땅의 모든 목회자의 공통된 기도이기도 합니다.

어느 분의 말대로 저는 쓸데없이 저의 연약한 모습을 사람들 앞과 교인들 앞에 털어놓고 있는지 모릅니다. 그래서 결국 약점만 잡히고 큰 이익을 보지 못하게 될지도 모르겠습니다. 그러나 저는 믿습니다. 우리 교우들에게는 저의 연약함에 대한 적나라한 고백이 흉과 트집거리가 아니라, 진지하고 사랑에 찬 기도의 제목으로 받아들여지리라는 것을 저는 믿습니다. 목회자와 교인은 형식과 명분의 관계가 아니라, 말이 통하고 마음이 통하고 그래서 정이 들고 마침내 서로 편들어주고 싶은 그런 관계여야 한다는 것은 변함없는 저의 생각이고 바람입니다.

유학을 마치고 돌아와 한창 목회에 열중이던 어느 주일 날 아침, 결혼을 앞둔 조카가 예비 신부를 데리고 인사차 교회로 저를 찾아왔습니다. 예배 후 두 사람은 우리 아이들과 오후 시간을 함께 보냈는데, 나중에 그 아가씨가 의아스럽다는 듯이 말했습니다.

"목사님 자녀들 같지가 않아요. 참 발랄하고, 밝고, 자기표현도 잘하고…."

신부가 될 아가씨와 우리는 처음 만나는 사이였습니다. 그 자매는 목사의 자녀들인 우리 아이들이 그 또래의 여느 아이들처럼 발랄하고, 밝고, 자기표현을 스스럼없이 하는 그것이

의아스럽기도 하고 대견스럽기도 하다는 뜻이었습니다. 그러나 사실 우리 부부는 그렇게 말하는 그 자매의 말이 의아스러웠습니다. 한편으로는 서글프기도 하고, 한편으로는 위로가 되기도 했습니다. 우리나라 교인들이 전통적으로 가지고 있는 목회자 자녀다움의 이미지라고 하는 것이, 마치 감시 카메라 앞에서 사는 것처럼 언제나 눈총을 의식하며 하고 싶은 말이 있어도 꾹꾹 참아내고, 왠지 주눅이 들어 있는 듯하고, 목사 아빠의 체면에 누가 되지 않을까 언제나 조심하고, 왠지 눈치를 보는 듯하고, 언제나 남이 나를 어떻게 볼까를 생각하여 조심스러워 하고… 등등이라는 것이 생각나서 서글퍼졌고, 우리 아이는 그렇게 자라지 않았다는 확인인 것같아서 위로가 되기도 했습니다.

옛날부터 목회자의 자녀들이 교인들로부터, 그리고 부모로부터 귀에 못이 박이게 들어 온 말은, "목사의 자녀이면서 …할 수 있는가?" 혹은 "목사의 자녀이니까 …해야 한다."는 말이었습니다. 요새 아이들 말로 하면, 목사의 자식이라는 것 때문에 교회와 가정에서 엄청 스트레스를 받으며 살아야만 한 것입니다.

"우리 아버지가 목사지 내가 목사냐! 나는 죽어도 목사 안 될 거야!"

중학교 때 저와 아주 친하게 지내던 친구가 때로는 혼자 중 얼거리는 독백처럼, 때로는 내게 털어놓는 하소연처럼 자주자 주 쏟아놓던 말이었습니다. 저희 부부가 첫 아이를 낳은 후, 아 이들 기르는 것과 관련하여 서로 약속한 것이 두 가지 있었습 니다. 첫째, 절대로 아빠가 목사라는 것을 내세워서 아이들을 꾸짖거나, 아빠가 목사이기 때문에 어떠한 것을 해야 한다고 강요하지 말 것. 둘째, 절대로 아이들 앞에서 아이들 선생님을 흉보거나 욕하지 말 것이었습니다. 그리고 그 약속은 지금까 지 지켜오고 있습니다. 물론 아이들이 어렸을 적에 유학을 떠 나서 6년 이상을 외국에서 산 덕분에 교인들로부터 목사 자녀 들이 받는 스트레스를 받을 기회가 없기도 하였습니다. 그래 서 저희 부부도 첫 약속을 지키기가 쉬웠던 점도 있기는 하였 습니다. 그 덕택에 "목사님 자녀 같지가 않아요" 라는 서글프 기도 하고, 대견스럽기도 한 말을 들었을 것입니다.

언젠가, 목사님들을 상대로 강의를 하다가 시간의 여유가 좀 있었습니다. 그래서 한국의 목회자 자녀들이 단지 목사의 가정에 태어났다는 사실 때문에 받는 고통의 심각성을 이야기하였습니다. 목사님 위신과 체면을 기준으로 아이들을 괴롭히기보다 오히려 위로하고 격려해야 할 필요가 있다는 말을 잠깐 나누고 싶었습니다. 이야기 도중에 한 목사님이 손을 드셨습니다. 그 문제와 관련하여 자신의 이야기를 좀 해도 되겠느냐는 것이었습니다. 그 목사님의 사연은 모두의 가슴을 뭉클하고 아프게 하였습니다.

"우리 큰아들은 교회를 잘 다니지 않습니다. 체격이 얼마나 크고 주먹도 센지 누구라도 비위에 거슬리면 가만 놔두지를 않습니다. 한번은 이 아들이 와서 말했습니다. '나는 목사의 아들이라는 것만 가지고도 충분한 스트레스를 받고 있으니까 저를 상관하지 말고 그대로 놓아두세요.' 그 아들이 지금은 군대에 갔는데 많이 변해서 제대하면 새 생활을 할 것 같습니다. 우리 둘째 아이는 딸아이인데 초등학교 때부터 가출을 했습니다. 저는 성경이 말씀하는 한 영혼의 귀중함을 제 아내와 함께 이 아이 찾으러 정신없이 다니면서 체험했습니다. 매주 라면 값으로 돈 만원씩을 통장에 넣어줍니다. 그것을 꼬박꼬박 찾아가는 것을 보고 아직 우리 아이가 어디엔가 살아있다는 확인을 합니다. 목사들끼리 모인 이런 자리가 아니면 내가 어디

가서 이런 이야기를 털어놓고 하겠습니까?"

이야기를 그대로 받아 적지도 않은데다가, 이런 이야기를 공개하는 것이 그 목사님께 너무 죄송해서 그분이 하신 대로 정확하게 옮기지는 못하였습니다. 여하튼, 그 목사님이 이야기를 하시는 동안 여기저기서 공감과 탄식의 한숨 소리가 터져 나왔습니다. 저와 몇 분의 목사님들은 눈시울을 붉혔습니다. 저는 정말 간절하게 그 목사님의 자녀들과 그리고 이 땅의 목회자의 자녀들을 위하여 기도했고, 다른 목사님들은 정말 간절하게 '아멘'을 하였습니다.

요즘에는 우연히 사연을 알게 된 두 사람의 목회자 자녀를 위해 간간이 기도하곤 합니다. 목회자 자녀로 살아 온 3남매 가운데 첫째와 둘째 남매인데 50대가 된 지금도 그 두 사람은 신앙생활을 하지 않는다 하였습니다. 목사의 아들과 딸로 자라면서 교회에서 얼마나 큰 상처를 받았는지, 지금도 그분들은 장로라는 칭호를 써서 말을 해야 할 경우, 절대로 장로님이라고 하지 않고 "님"자 대신 '장로○○들'이라는 욕설을 붙여서 말한다 하였습니다. 그 직분을 가진 이들에 대한 사무친 증오를 그렇게 발산하는 것입니다. 목사의 아들과 딸이 지금까지 예수님과 등진 인생을 살아 온 것도 마음이 아픈데, 남은 인생마저도 끝까지 그렇게 살다가 끝나버리면 어쩌나 하여 저절로 기도가 되었습니다. 80이 넘으셨다는 그 아버지 목사님은 마음이 얼마나 아플까, 혹시 목회한 것을 평생 후회나 하지 않으실까, 남의 일 같지가 않았습니다. 하나님은 실족 당하여 예수님을 떠난 그 값을 본인들에게서 찾으시겠지만, 그들을 그 지경으로 내몰아 "실족케 한" 그 사람들은 그 책임을 어떻게 감당할 것인지 두려운 생각도 들었습니다.

이 땅의 목회자 자녀들에게 눈총 대신 격려와 사랑을 베푸는 아량이 그립습니다. 목사의 자녀들을 그 또래의 평범한 아이들로 보아주는 상식이 그립습니다.

우리 교회를 열심히 나오다가 교회가 멀어져서 더이상 나오기가 힘들어 다른 교회에 출석하는 교인이 있었습니다. 그렇게 떠나고 오랜 시간이 흘렀습니다. 그런데 뜬금없이 저녁 늦은 시간에 전화를 걸어왔습니다. 어려운 가운데서 사업을 하면서 힘들게 보낸 한 해였는데, 성탄절도 되고 연말도 되니 문득 목사님 목소리라도 듣고 싶어서 전화를 했다는 것이었습니다. 그 말을 여러 차례 하기에 저도 한마디 거들며 맞장구를 쳤습니다.

"이렇게 전화를 해주어서 고마워요, 나도 문득 외로움을 느끼며 오래전에 알았던 사람이 그리워질 때가 있어요."

그러자 그분은 이상하다는 듯이 되물었습니다.

"목사님도 외로움을 느끼실 때가 있으세요?"

제가 대답하였습니다.

"예, 언제나 사람들 속에 둘러싸여 살지만 마치 혼자인 듯 외로움을 느낄 때가 있어요."

사실 저는 목사이기 때문에 오히려 외로움과 소외감을 느낄 때가 종종 있습니다. 친구들은 저를 제 이름으로 부르지 않습니다. 언제나 "정목사"라고 부릅니다. 오랜만에 어린 시절의 옛 친구들이 모이면 자기들은 별별 농담을 다하며 즐기면서도, 제가 한마디 거들며 끼어들면 대뜸, "목사도 그런 말 하냐?"면서 목사님 맞냐는 식으로 이상한 사람 보듯 합니다. 교회도 안 다니는 것들이 목사에 대하여 뭘 안다고... 다른 친구들은 별말을 다 해도, 목사인 나는 언제나 한마디 말도 긴장해서 해야 합니다. 그럴 때 목사인 저는 외로움과 소외감을 느낍니다.

형제들은 저를 그냥 동생으로, 혹은 그냥 형이나 오빠로 생각하지 않습니다. "목사 동생", "목사 형"으로 생각합니다. 자기들은 언짢은 일이 있으면 화도 내고, 언성을 높이기도 하지만 저는 그렇게 하면 안 된다고 믿고 있습니다. 그럴만해서 소리도 치고 화도 내고 하면, 저의 누님은 "너는 목사님이잖아!" 하고 핀잔을 하곤 합니다. 그럴 때, 저는 형제들 속에서도 외로움을 느끼곤 합니다. 생전에 아버지는 8남매 자녀들을 한 사람씩 각각 이름을 부르며 축복하는 기도를 하셨습니다. 그러나 제 차례가 되면 다른 형제들처럼 이름만 부르며 기도하지 않으셨습니다. 언제나 "창균 목회자"라는 말로 하나님께 저를 소개하며 축복의 기도를 하셨습니다. 아버지께도 저는 다른 아들과는 다른 "목회자 아들"이었습니다.

목사는 안 먹어도 배고프지 않아야 하고, 목사는 아파도 아프지 말아야 하고, 잠을 안자도 피곤하지 않아야 하고, 어떤 일을 당해도 언제나 감각이 없는 기계처럼 아무렇지도 않아야 한다는 기대에 찬 눈들을 마주칠 때 목사는 때로 외로움을 느낍니다. 새벽 5시에 새벽기도회 인도하고, 9시에 1부 예배 설교하고, 11시에 2부 예배 설교하고, 점심시간에 새신자 면담과 구역장 공부 인도하고, 오후 2시 반에 오후 예배 설교를 하는 것이 거의 주일마다였습니다. 어느 날 오후 예배 끝나고 기진해 있는데 한 여집사님이 제게 다가오며 말했습니다.

"목사님 오늘 설교 말씀에 너무 많이 은혜 받았어요. 많이 피곤하시지요?"

그러자 제 옆에 있던 안수집사 한 분이 잽싸게 그 말을 받아쳤습니다.

"목사님은 설교하는 것이 낙이고, 교인들이 은혜받는 것이 가장 큰 기쁨이기 때문에 피곤하지 않아요!"

물론 그 안수집사는 교인이 은혜받았다는 말이 반가워서 제 편을 들어주느라고 좋아서 한 말이었습니다. 나는 그것을 뻔히 알면서도 한편으로는 목사에게 초인이 되라는 말인가 하는 생각에 속으로는, "당신이 한번 해보시지! 피곤하지 않은지."하는 마음이 생기며 한동안 제법 서운하였습니다. 한번은 권사님 한 분이 자주 제 아내에게 한마디를 건네고 갔습니다.

"사모님이 자꾸 아프시면 목사님 목회가 힘드시니 아프지 마세요!"

그 말을 듣고 아내는 한동안 자기가 내 목회의 방해꾼인가 보다며 마음 아파하였습니다. 물론 그 권사님의 중심은, "사모님 저도 사모님이 아프신 것에 관심있어요!" 하는 사랑의 표현을 그렇게 한 것이란 걸 뻔히 알면서도 그냥 잠깐 마음이 서운해졌습니다.

때로는 모든 부담을 내려놓고, 잠시 목사의 신분을 벗어버리고 싶어지기도 합니다. 초능력자도 아니고, 성자도 아닌 보통 사람의 모습으로, 마음껏 우리 주님께 어리광도 부리고, 사람들에게 나의 속내도 털어놓으며 부담 없는 하루를 보내고 싶어집니다. 그리고 오랫동안 정든 옛사람들을 하나씩 떠올리며 편안하고 여유 있는 하루를 보내고 싶어집니다. 아마도 정신없이 달려왔던 11년 목회 길에 심신이 지쳤던 모양입니다. 물론 "목사"는 그래서는 안 되는 법이라고들 하겠지만....

뒤집어 쓴 누명

한 부부의 40년이 다 되는 오래 전 이야기입니다. 한 번 교회를 떠난 이후 10년이 다 되도록 교회에 발을 끊고 있는 남편 때문에 아내는 가슴앓이를 해오고 있었습니다. 남편이 교회를 떠난 것은 어찌 보면 순전히 남의 탓이었습니다. 교회가 패가 갈려 싸움질을 시작하였는데, 젊고 유망한 이 남편을 두고 양쪽에서 서로 자기편이 되라고 부추기자 이 남편은 "싸우는 놈의 교회 그만 다니겠다"며 교회에 발길을 끊어버렸습니다. 나이 열일곱에 좋으신 목사님을 만나 전도를 받고, 그때부터 목사님의 사랑을 받으며 참으로 착실하게 신앙생활을 하였는데, 그놈의 쌈박질에 진저리가 나고, 그렇다고 어느 한편에도 설수 없는 난처함 때문에 그만 교회를 떠나버렸던 것입니다.

그렇게 10년 가까운 세월이 흐르다가 그해 가을 부흥회를 계기로 아내는 드디어 대단한 결심을 하였습니다. 이번에야말로 남편을 교회로 이끌어내어야 된다는 결심을 한 것입니다. 그동안도 여러해 부흥회만 열리면 남편의 교회복귀를 위하여 힘을 다해 기도했지만, 이번에야말로 죽기 살기로 하나님께 매달려보기로 작정을 하였습니다. 집회 마지막 날인 금요일 저녁, 아내는 교회 마룻바닥에 앉아서 철야 기도를 시작하였습니다. 강사 목사님이 마지막 새벽 집회를 인도하기 위하여 나오셨습니다.

그런데 한 여인이 주위도 돌아보지 않고 얼마나 부르짖어대는지, 집회를 진행하기가 어려울 지경이었습니다. 새벽 집회 시간이 되고 강사 목사님이 단 위에 서신 것도 모르고 이 여인은 그렇게 울부짖으며 남편을 다시 돌아오게 해 주시기를 하나님께 구하고 있었습니다. 찬송을 부르고 예배를 시작하면 멈추겠지 하고 찬송을 불렀지만 여인은 여전히 세상 모르고 부르짖고 있었습니다. 예배가 심각한 방해를 받는 이 상황을 보다 못한 강사 목사님이 이 여인을 향하여 소리를 질렀습니다.

"사탄아 물러가라!"

그 순간 이 여인이 눈을 번쩍 떴습니다. 그리고 목사님에게 소리를 지르며 대들었습니다.

"믿지 않는 사람들도 내 남편에게는 지금도 집사라고 부르는데, 정작 남편은 교회에 안 나오는 것이 너무 원통해서 이번에는 어떻게 해서든지 교회에 나오게 하려고 그러는데 목사님은 남의 사정을 알지도 못하면서 사탄이라니요?"

그날 이후로 여러 날을 이 아내는 앓아누웠고, 때로는 헛소리를 하는 것 같기도 하고, 때로는 특별한 은사가 임한 것 같은 이상한 언행을 하며 온 가족을 긴장시켰습니다. 동네에는 미쳤다는 소문이 퍼졌습니다. 그러던 어느 날 마침내, 남편과 자식 몇을 머리맡에 둘러 앉혀놓고 심문을 하듯이, 유언을 하듯이 한 사람씩 차례대로 다그치면서 앞으로 신앙생활 잘하겠다는 약속을 받아내고, 그 증거로 찬송을 한 장씩 부르게 하였습니다.

"○○○이, 너 교회 잘 다니고 신앙생활 잘 할거야?"
"예"
"그럼 찬송 한 장 불러."

"○○○이, 너는 어떻게 할거야?"

자녀들이 눈물범벅이 되어 차례대로 찬송가를 한 장씩 부르는 동안 이 어머니는 자신의 찬송가를 뒤적여 찾아서 연필로 그 찬송을 부르는 자녀의 이름을 제목 옆에 기록하였습니다. 마지막 순서는 아내의 머리맡에 앉아서 걱정스레 지켜보던 남편이었습니다.

"당신은 어떻게 할 거예요?"
아내가 물었습니다.

"다시 교회에 나갈게."
남편은 애정 어린 눈빛으로 아내를 내려다보며 대답하였습니다.

이렇게 하여 그 남편은 10년 만에 떠났던 교회로 다시 돌아왔습니다. 나중 된 자가 먼저 되고, 먼저 된 자가 나중 되다더니…. 사실 이 아내는 남편의 전도로 신앙생활을 시작한 사람이었습니다. 결혼해서도 한 동안을, 교회에 가자는 남편의 요청을 싫다고 거절하며 안 가려 했었던 것입니다. 그런데 그 후 이십 수년이 지나서는, '사단'이라는 끔찍한 누명과 '미쳤다'는 원통한 소리를 뒤집어쓰면서까지 남편의 신앙 회복을 위하여 몸부림을 치고 있는 것이었습니다.

그때 다시 돌아온 남편은 그 후 안수집사가 되고 장로가 되어 교회를 섬기면서, 다른 것 다 포기해도 신앙은 포기할 수 없고, 다른 것 다 버려도 하나님은 버릴 수 없다는 단호함으로 평생을 살았습니다. 그리고 자식들을 그렇게 키우려 애썼습니다. 그가 기회 있을 때마다 자녀들에게 하는 말은 두 마디였습니다. "하나님 잘 믿고 살아라. 서로 우애하며 살아라." 수시로 찾아와 괴롭히던 병 때문에 40대 중반이던 그때 곧 죽을 것이란 소문이 나돌았던 그 남편은 79세까지 건강하게 살았습니다. 미쳤다고 소문이 났던 그 아내는 맑고 온전한 정신으로 잘 살다가 남편보다 2년 반 먼저 일흔넷에 그렇게 사랑하던 주님께로 돌아갔습니다.

이 여인이 바로 나의 어머니이셨고, 그 남편이 바로 나의 아버지이셨습니다. 어머니의 필체로 우리 형제들의 이름이 적혀있는 수십 년 전의 그 찬송가를 나는 지금도 가끔씩 들여다보며 내 어머니를 생각합니다. 달 지난 달력을 뜯어서 표지를 싼 내 어머니의 '새찬송가 516장' 제목 옆에는 어머니의 필체로 '창균'이라고 또렷이 써 있습니다. 그때 열네 살 꼬마였던 나는 어머니의 머리맡에서 눈물을 흘리며 그 찬송을 불렀습니다.

"이 세상에 근심된 일이 많고 참 평안을 몰랐구나.
내 주 예수 날 오라 하셨으니 곧 평안히 쉬리로다.
주 예수의 구하신 은혜로다. 참 기쁘고 즐겁구나.
그 은혜를 영원히 누리겠네. 곧 평안히 쉬리로다."

어느 부부
이야기

참으로 오랜만에 한 친구를 만나 밤을 같이 지내며 정담을 나누었습니다. 초등학교 6학년 때 만나서 친형제처럼 서로를 아끼며 지내오고 있는 죽마고우입니다. 제가 신학교 다닐 때는 등록금을 보태주기도 했고, 유학 가 있을 때는 고생한다며 뭉칫돈을 집어주기도 했던 친구입니다. 그런데 그 친구와 반갑게 만나 서로의 회포를 푼 그 저녁이 제게는 너무너무 슬프고 마음이 아픈 밤이었습니다. 가슴이 미어지는 것 같은 슬프고 아픈 이야기를 들었기 때문입니다. 오랜 이야기 끝에 그 친구는 말했습니다.

"우리는 누가 먼저 죽어야 돼. 그래야 문제가 끝나."

도저히 해결의 가능성이 보이지 않는 자기 부인과의 관계를 놓고 한 말이었습니다.

그 친구의 부인은 능력 있고 발랄하고, 특출한 재능을 가진 사람이었습니다. 오랜 연애 끝에 결혼을 하는 두 사람을 모두가 부러워하였습니다. 두 사람은 무척 행복해하며 살았습니다. 둘 다 명문 대학과 대학원을 나와 외국에도 갔다 왔고, 여러 기관과 대학에서 가르치기도 하면서 그 바닥에서는 상당히 이름이 알려진 부부였습니다. 예쁜 딸아이도 둘을 두었습니다.

저희 부부는 이 친구 부부가 사회적으로나 교회적으로 한번 큰일을 할 것이라고 기대를 해오고 있었습니다. 그런데 평생을 잉꼬부부로 재미있게 살 것이 틀림없어 보이던 이 두 사람이 결혼 생활 15년도 채우지 못하고 지금은 같은 집, 같은 현관만 드나들 뿐 몸도 마음도 서로 통하는 것이 없는, 아니 정말 꼴도 보기 싫고, 보면 볼수록 서로에게 분노심과 원망만 터져 나오게 하는 그런 사이가 되어버린 것입니다. 어디에서부터, 무엇이, 어떻게 잘못된 것인지, 어떻게 해야 해결할 수 있을 것인지 저는 아무런 할 말이 없었습니다. 그냥 한 가정이 그렇게 된 것이 슬프고 아프기만 하였습니다. 그 친구는 쓸쓸하게 웃으며 큰딸 아이와 나눈 이야기를 들려주었습니다.

"아빠. 법원에 가봐. 가서 누가 잘못했는지 판사에게 한번 물어봐. 우리 친구 아빠들 가운데는 아빠처럼 늦게 들어오고, 가정에 소홀하고 하는 아빠는 없어."

"얘, 네 친구 엄마들 가운데 아빠 밥도 차려주지 않고 빨래도 안 해주는 엄마는 있니?"

"…."

이 친구는 엄마가 딸아이를 자기 편에 두기 위해서 아빠에 대한 반감을 심어주고 있다고 믿고 있었습니다.

하나님께서 두 분을 갈라놓으실 때까지 50년도 훨씬 더 되는 세월을 부부로서 같이 사신 제 부모님 생각이 문득 떠오릅니다. 어머니 돌아가시고 일 년 후 추도예배가 끝나자 아버님께서 하셨던 말씀도 생각납니다.

"그나마도 없으니 아쉽다."

먼저 떠난 아내를 그리워하며 일흔일곱 고령의 제 아버님께서 둘러앉은 우리에게 눈물을 글썽이며 하신 말씀이었습니다. 어머니께서 고혈압으로 쓰러지신 이래 13년 그 긴 세월 동안을 어머님의 손 노릇, 발 노릇, 입 노릇, 간호사 노릇, 몸종 노릇하시기에 진저리가 나셨을 만도 하고, 이제 드디어 자유를 얻었으니 만세 삼창이라도 부르며 홀가분해 해야 할 것 같은데, 제 아버님은 그래도 그 아내가 그리워서 자식들 앞에서 눈물을 글썽이고 계셨던 것입니다. 언제라도 헤어질 수 있는 남남으로 부부 생활을 하는 남편과 아내들이 있는가 하면, 죽어서도 하나가 되고 싶은 한 몸으로 사는 부부들도 있습니다. 이 짧디짧은 세상살이에서 어느 부부가 더 행복하게 인생을 살 수 있을까는 물어볼 필요도 없는 일입니다.

지금도 그 친구 생각이 나면 마음이 쓸쓸하고 서글퍼집니다. 부부에게 무엇이 더 중요하고 덜 중요한지를 알면서 살고 싶습니다. 이혼율은 자꾸 높아지고, 부부의 갈등은 심해져만 간다는 이때, 하나님은 왜 나를 제 아내의 남편이게 하셨고, 제 아내를 저의 아내이게 하셨는지를 생각하며 살고 싶습니다.

편법이
상식이 된 세상

저의 막둥이 아들은 3월 6일에 태어났습니다. 그 아이가 태어났을 때 저는 출생신고를 앞두고 한동안 고민했습니다. 몇몇 주위 사람들이 출생일을 3월 6일로 하지 말고 3월 1일 이전으로 고쳐서 하라는 친절한 충고를 해주었기 때문이었습니다. 우리나라는 초등학교 입학 자격을 3월 1일 기준이기 때문에, 3월 6일 그대로 해놓으면 아이의 학교 입학이 일 년이 늦어진다는 것이었습니다. 어느 분은 그것이 아이에게 얼마나 큰 손해인가를 설명하면서 저를 압박하기도 하였습니다. 그분들이 제시하는 이유를 듣고 보니 상당히 타당해 보였습니다.

그래서 저도 어떻게 할 것인지 고민이 되었습니다. 어느 분은, 음력 날짜로 출생신고를 하라고 지혜를 가르쳐주었습니다. 음력으로 하면 생일이 2월로 되니까 거짓말한 것이 아니니 양심의 가책을 받을 필요도 없고, 취학도 1년씩 늦어질 필요가 없으니 좋을 것이라는 기발한 아이디어였습니다. 그래서 저도 거의 그렇게 결정을 해놓고 있었습니다.

그런데 왠지 자꾸 마음이 편치 않았습니다. 새벽에 기도를 할라치면 자꾸 그 생각이 떠오르고, 마음이 께름칙하였습니다. 태어난 날짜를 속여서 신고하여 아들의 인생 첫 출발점부터 거짓말과 속임수로 시작하게 할 수 있는가? 그러다가 학교 일 년 일찍 들어가자고 아이에게 평생을 두고 거리낌이 될 일을 할 수는 없다는 생각이 들었습니다. '나의 법률상 생일은 학교 일찍 들어가려고 꾸며낸 아빠의 편법에서 나온 것이다' 하는 부담감을 평생 짊어지고 살게 하는 것보다는 1년 늦게 학교에 들어가게 하는 것이 더 낫겠다는 생각이 들었습니다. 그리고 아이의 신앙생활에도 간증거리 하나를 선물로 주는 셈이 되겠다는 생각도 들었습니다. 일단 결단을 하고 당당히 3월 6일로 신고를 하고 나오니 마음이 홀가분하고 왠지 당당해지는 기분이었습니다.

그 아이 3살 때 저는 온 가족을 데리고 유학을 떠났습니다.

그 나라는 3월 1일이 아니라 6월이 학교 입학 기준이었습니다. 전혀 문제없이 제 나이에 학교에 들어갔습니다. 유학을 마치고 돌아와서는 한국 학교의 공부에 쉽게 적응하게 하려고 일부러 한 학년을 낮추어서 학교에 갔습니다. 결국 3월 6일 생일대로 학교에 다니는 셈이 되었습니다. 저는 이 이야기를 아이에게 두어 번 해주었습니다. 그리고 아빠가 그때 얼마나 떳떳하게 잘했는지를 은근히 아이에게 강조하기도 합니다. 하마터면 평생 아이 앞에서 최소한 한 가지 일에 있어서만은 떳떳지 못한 목사 아빠가 될 뻔하였습니다.

우리 큰 딸은 이화여고에 다녔습니다. 우리 거주지에서는 그 학교에 배당이 안 되기 때문에 다니기가 거의 불가능한 학교를 이 아이가 다니고 있는 셈이었습니다. 이 아이는 7년 가까이 외국에서 학교를 다녔기 때문에, 여러 해 동안 외국에서 살다 온 학생은 거주지와 상관없이 가고 싶은 학교를 지원할 수 있다는 법의 혜택을 본 것입니다. 그러나 사람들은 그렇게 생각지 않습니다. 한번은 우리 아이가 졸업한 중학교에 자녀를 보내고 있는 한 어머니로부터 진지한 질문을 받은 적도 있습니다.

"댁의 따님이 이화여고에 들어갔지요?"

"예"

"거주지 주소를 어디로 옮기셨지요?"

그 엄마는 우리가 아이를 이화여고에 보내려고 미리 편법을 써서 거주지를 다른 곳으로 옮겨 놓은 것으로 믿고 있었습니다. 자기의 아이도 그 동네로 옮기면 틀림없이 이화여고에 배당될 것이니 그렇게 하려는 것이었습니다. 참 기분이 나쁜 것은, 다른 사람의 면전에 대고 그런 질문을 하면서도 전혀 미안한 기색이나 어색한 마음이 없는 그분의 태도였습니다. 다 그런 것 아니냐는 식이었습니다. 그리고 자기도 그렇게 하려고 하는데 그런 것은 당연한 것 아니냐는 식이었습니다. 떳떳지 못한 일을 하려는 사람의 미안한 기색같은 것은 전혀 없었습니다. 교회 목사인 줄 빤히 알면서도 이러는 것을 보면 목사들도 다 그러는가보다 하는 생각도 들었습니다. 아이를 잘되게 하기 위해서 한다는 특별한 배려가 사실은 아이를 아주 못되게 만들고 있다는 것을 우리는 잊고 살 때가 있습니다.

아이에 대해서만이 아닙니다. 우리 인생 자체를 그러한 사고방식으로 사는 것이 우리는 몸에 배어버렸는지도 모릅니다.

떳떳지 못한 일을 지극히 당연한 자세로 해버리는 경우가 교회 밖의 세상만이 아니라, 교회 안에도 점점 많이 번져가고 있습니다. 눈앞의 이익이나 편의를 위해서라면 어떤 편법이든지 동원하고, 그것이 오히려 영리하고 지혜로운 처신으로 여겨지는 세상은 분명히 잘못된 세상입니다. 세상의 소금과 빛이라는 신자나 교회가 편법이 상식이 되는 세상에 함께 발맞추어 사는 것은 두려운 일이기도 합니다.

아들 녀석의 변심

막둥이 아들이 세 살이었을 때 저는 온 가족을 이끌고 유학을 떠났습니다. 아들 녀석은 일곱 살, 여덟 살이 되면서부터 서슴 없이 자기 의지를 밝히곤 하였습니다.

"나도 아빠같은 목사님이 될 거예요!"

아버님의 극심한 반대 가운데서 신학교를 간 저는 "저놈이 목사가 된다면 그것도 감사한 일이다. 반대하거나, 은근히 말리거나 하지는 않겠다" 하고 혼자 생각하였습니다. 그러나 아이의 그 말을 하나님께 대한 무슨 서원이라도 되는 것처럼 심각하게 생각하지는 않았습니다. 저 아이가 나중에 마음이 변하면 큰일 날 일이다 하는 식의 생각도 하지 않았습니다. 지금 말하는 대로 결국 목사가 되면 감사한 일이고, 세상 물정을 알아가면서 도중에 마음을 바꾸어 목사가 되지 않는다 해도 그 것도 감사할 일이라고 생각했습니다. "너는 뱃속에 있을 때부 터 주의 종으로 드리기로 할머니가 서원을 하였다. 그러니 너 는 어떤 일이 있어도 목사가 되어야 한다"거나, "너는 어릴 때 부터 목사가 되겠다고 했으니까 목사가 되지 않으면 큰일 날 수 있다"는 식으로 협박을 하면서 마음이 변하여 목사 되기 싫 어하는 아이를 심히 괴롭게 하는 부모들을 가끔씩 보았기 때 문에 저는 제 아들 녀석을 그렇게 하고 싶지 않았습니다.

그 후 저는 공부를 마쳤고, 서울에 있는 교회의 부름을 받 고 그 아이가 열 살이 되던 해 여름에 돌아왔습니다. 누나 둘은 당장 돌아올 형편이 못되었습니다. 그해 연말까지 그곳에서 학교를 마치고 돌아오도록 남겨놓고 저희 부부는 아들 녀석만 데리고 여름이 무르익어 갈 무렵 돌아왔습니다. 누나들 없이 혼자 있으면서도 이 녀석은 한국 생활에 잘 적응하면서 부모 인 저희 부부의 마음을 안심시켜주었습니다. 그런데 그해 늦 가을 어느 날 수요 예배를 마치고 우리 셋이서 비탈길을 걸어 집에 돌아오는데 이 아이가 불쑥 한마디를 던졌습니다.

"저 목사 안 될 거예요!"

저희 부부는 느닷없는 녀석의 불만과 투정이 어린 한 마디에 놀란 표정으로 물었습니다.

"왜?"

진지하게 묻는 엄마 아빠에게 아들 녀석은 숨돌릴 틈도 없이 기다렸다는 듯이 대답을 날렸습니다.

"마음대로 가족도 만날 수 없는 목사를 제가 왜 해요?"

이리저리 물어보며 아이의 이야기를 들어보니 나름대로 사연이 있었습니다. 이제 갓 부임해 온 저는 교인들을 익히고, 신속히 교회 상황에 적응하기 위하여 곧 가을 대심방을 시작하였습니다. 밤늦게 집에 들어오는 것이 보통이었습니다. 엄마 아빠가 심방으로 매일 밖에 나가 있는 동안 아들 녀석은 거의 매일 집에 혼자 있어야 했습니다. 밥은 라면을 끓여먹기가 일쑤였습니다. 한국에 돌아오기 전에는 상상도 할 수 없었던 일이었습니다. 온 가족이 둘러앉아 예배드리고, 대화하고, 산책하고, 가족 외출도 자주 하고, 가족 캠프도 가고, 음식도 함께 만들어 먹고, 언제나 가족과 함께 하던 그 시절과는 갑자기

판이하게 달라진 가족생활에 이 아이는 엄청난 충격을 받은 것이었습니다. 아빠가 목사님이기 때문에 그렇게 단란한 가정 생활이 이루어지는 줄 알았다가, 아빠가 목사이기 때문에 언제나 이렇게 혼자 있어야 된다는 정반대의 현실에 이 아이는 큰 충격을 받은 것이었습니다. 밖에 나가서 같이 놀 친구가 있는 것도 아니었습니다. 재미있는 비디오테이프를 재미있게 볼만큼 한국말이 익숙한 것도 아니었습니다. 그렇다고 아무 데나 재미있는 곳 마음대로 찾아다닐 만큼 길이 익숙한 것도 아니었습니다. 그 후 아들 녀석은 엄마와 단둘이 있을 때, 눈물을 뚝뚝 떨구며 말을 했습니다.

"엄마, 나도 참을 만큼 참았어요. 이건 너무 하는 것 아니예요?"

그때 그 아이는 초등학교 3학년이었습니다.

그렇게 마음을 바꾼 그 사건 이후 아들 녀석은 다시는 "아빠 같은 목사가 되겠다"는 말을 하지 않았습니다. 중학교에 들어간 이후는, 과학고에 가겠다는 말로 목사가 되겠다는 말을 대신하고, 지금은 돈을 많이 벌어서 엄마 아빠의 노후를 책임지겠다는 말로 목사가 되겠다던 말을 대신하고 있습니다. 아이와 다정한 대화를 나눌 여유도 없이 바쁘기만 한 목회가 정말 잘하는 목회일까요? 자기의 가정을 크게 희생시킬수록 목회에 헌신하고 주의 일에 충성한 목사라는 옛 생각은 정말 맞는 것일까요?

설교자의
탄식

"설교를 잘 해라. 목사는 설교를 잘 해야 혀. 성도들은 일주일 내내 죽을 동 살 동 살다가 주일날 말씀 한마디 얻어듣고 다시 살아나려고 교회에 나온다. 목사의 머릿속은 주일 밤 설교 끝나고 돌아서면 다시 다음 주일 설교 생각이여. 그러니 그것이 쉬운 일이 아니여. 말씀을 잘 준비해서 교인들을 먹여야 된다."

이제 막 안수를 받고 목사가 된 아들에게 오랫동안 장로 일을 보아 오신 제 아버지께서 하신 말씀이었습니다. 그 이후 여러 번을 아버님은 같은 말씀을 제게 하시곤 했습니다. 아버님의 그런 간곡한 당부가 아니어도, 저는 정말 설교를 잘하는 목사이고 싶었습니다. 아니 목사의 생명은 설교라고 생각도 했습니다. 웅변술과 연기로 잘 훈련된 웅변가가 아니라, 사람을 뒤집어 변화시키는 말씀의 능력을 나타내는 '설교자'가 되기를 끊임없이 기도해 왔습니다. 때때로 말씀을 가지고 죽을 쑤는 설교자를 보면 "도대체 하나님의 말씀이 그것밖에 되지 않느냐?"며 마치 불의의 현장을 목격한 정의의 사자처럼 분노하기도 했었습니다. 저는 그렇지 않을 줄 알았습니다. 아니 저는 그런 설교자가 아닐 자신이 있었습니다.

그러나 나 자신이 설교자가 되고, 그것도 가끔씩 담임 목사님께서 은혜를 베풀어주시면 한 번씩 강단에 올라서 그동안 갈고 닦은 말씀을 마음껏 쏟아놓고 보란 듯이 내려오면 되는 부교역자 설교자가 아니라, 준비가 됐건 안됐건 매주일 그 시간이면 설교를 해야 하는 담임목사 설교자가 되고 보니 다름 아닌 바로 나 자신이 제가 그렇게 화내며 싫어했던 그 설교자라는 사실을 발견하게 됩니다. 다른 설교자를 향하여 "도대체 하나님의 말씀이 그 정도 밖에 안 되느냐?"며 돈키호테처럼 날뛰던 그 시절을 생각하면 부끄러움에 얼굴이 확 달아오릅니다.

자기 앞에 펼쳐진 말씀이 구석구석 일곱 인으로 단단히 인봉되어버렸다는 사실 때문에 통곡을 해버린 사도 요한처럼, 때로는 저도 마치 말씀이 제 앞에서 인봉되어버린 것 같은 답답함에 차라리 통곡을 하고 싶어집니다. 때로는 나 자신도 모르는 말씀들을 늘어놓으며 죽을 쑤기도 합니다. 때로는 '이거다' 하여 전력을 쏟았는데 정작 듣는 이들은 맨숭맨숭 딴 세상에 가 있는 것처럼 보일 때가 있습니다. 어느 주일에도 저는 눈물을 글썽이며 감동적인 설교를 쏟고 있었는데, 나중에 알고 보니 중고등부 아이 두 놈은 뒷자리에서 '묵찌빠'를 하고 있었답니다.

그래서 설교자로서 저는 자주자주 좌절에 빠집니다. 설교자로서 저 자신의 무능력 때문에 좌절합니다. 나의 설교를 듣는 청중의 무감각과 요지부동 때문에 절망합니다. 사실 어느때는 설교를 그만두고, 빚쟁이 야반도주하듯 도망가 버리고 싶기도 합니다. 웅변대회 심사위원처럼, 아니면 국민의례 참석한 시간이 지루한 군중처럼 거기 그렇게 앉아 있는 청중들이 설교자들의 이런 괴로움을 알기나 할까요?

더욱 괴로운 것은, 그런데도 제가 여전히 가지고 있는 또하나의 꼬리표는 소위 '설교학 박사'요, '설교학 교수'라는 사실입니다. 자신의 설교에 좌절하고 절망하는 사람이 다른 설교자들 앞에 나서서 설교를 가르친다는 이 웃기지도 않는 모순이 저를 더 괴롭게 하는 것입니다. 저는 때때로 나는 실패하고 있는 설교자인지 모른다는 생각에 사로잡히곤 합니다. 그럴 때면 차라리 다 그만두고 월부 책장사라도 하면서 떳떳한 평신도로 살자는 욕구가 강하게 솟구칩니다. 그런데도 저의 성령님은 아니라고 자꾸 하시니 저는 어찌할 바를 모르겠습니다. 사실은 그 성령님 때문에 저는 또 다시 배짱 좋게 그럴듯한 모습으로 강단에 서는 것입니다. 솔직히, 저는 '설교학 박사'를 포기했으면 했지, '설교학 교수'를 내놓으면 내놓았지 '설교자'이기를 포기하고 싶지는 않습니다. 비록 탄식을 하면서라도 계속 설교자이고 싶은 것이 저의 열망입니다. 그리고 자신하건데, 이것은 이 땅의 모든 설교자들의 같은 열망이기도 합니다.

탄식과 열망의 두 사이에 끼어 번민하는 우리 설교자들을 위하여 기도해 주십시오.

이슬
방울 하나

드림

이슬방울 하나
헌신은 날아가고
말없이 자리를 지키는 고마움
보람
절망과 소망
내 병 고치자고 그럴 순 없잖아요
하나님이 이겼습니다
아내의 결단
남편과 아내
감사의 능력
고마운 마음

도도히 흐르는 큰 강가 둑 위에 나무 한 그루가 있습니다. 그 나무의 이파리 하나 위에 이슬방울 하나가 맺혀 있습니다. 도도히 흐르고 있는 강물을 내려다보며 이슬방울이 입술을 삐죽이며 중얼거립니다.

"흥, 내가 자기에게 합세해줄 줄 알아? 나는 네게 떨어져주지 않을 거야! 너 혼자서 잘 흘러가 보라지!"

이슬방울은 자기의 도움 없이는 강물이 강물일 수 없을 것이라고 생각하고 있습니다. 자기가 떨어져서 같이 합세해 주지 않으면 강바닥이 말라버리고, 그래서 결국 강은 흐름을 멈출 수밖에 없을 것이라고 착각을 하고 있습니다. 이 이슬방울은 자기 분수에 맞게 차라리 이렇게 말해야 했을 것입니다.

"나 같은 게 저렇게 도도히 흐르는 강물이 되어 함께 흘러 갈 수 있다니! 이것은 얼마나 엄청난 기회인가!"

그리고는 큰 기쁨과 벅찬 감격으로 그 강물에 떨어져 합류 해야 했을 것입니다. 그가 떨어져 주지 않는다고 해서 강물이 말라 없어지지 않는다는 것을, 강물과 합세하지 않고 홀로 버티고 있으면 자신만 말라 없어지고 말 뿐이라는 것을 나뭇잎 위의 이슬방울은 알아야 했습니다. 자기가 강물을 위해서 거기 있지 않고, 강물이 자기를 위해서 거기 있다는 것을 알아야 했습니다.

부교역자로 사역하던 아주아주 오래전 어느 날인가, 저는 화가 잔뜩 나서 씩씩거리고 있었습니다. 도대체 교회가 하는 일이 제 비위에 맞지가 않았습니다. 제 눈에 비친 그 교회의 모습은 온통 비능률, 비논리, 무감각, 그리고 나의 의견을 신중하게 취급하지 않는 무성의, 그런 것이었습니다.

"다 손 떼겠다! 나 없이 한번 잘해보시라!"

씩씩거리고, 배짱을 내밀며 며칠을 지내고 있었습니다. 그때 문득 너무나 선명하게 그림 하나가 제 머리에 떠올랐습니다. 그 그림이 바로 도도히 흐르는 강가에 서있는 나뭇잎 위의 이슬방울, 그곳에서 강물을 내려다보며 '흥, 나 없이 한번 해보라지!' 하는 세상 물정 모르는 가소로운 이슬방울 하나의 모습이었습니다. 그리고 내가 바로 그 이슬방울이라는 거역할 수 없는 외침을 제 속으로부터 들었습니다. 도대체 나 같은 것 하나 없다고 하나님 나라의 그 도도히 흐르는 역사가 눈 하나 깜빡이라도 한다는 말입니까? 하나님이 끌고 가시는 그 역사가 나 같은 것 하나가 배짱 내밀고 버틴다고 중단된단 말입니까?

"나 같은 것이 무슨 복으로 이 큰 특권을 받고 이 엄청난 역사에 참여하는 물방울이 되었단 말인가!"

밤낮으로 감격의 눈물을 흘리고 감사의 찬양을 불러대도 모자랄 처지에 "흥!"이라니요. 그런데 그 후에 목회자로 교회를 섬기며 보니 이런 가소로운 이슬방울이 나 하나가 아니었습니다. 걸핏하면 교회를 떠나겠다 하고, 걸핏하면 헌금을 안 하겠다 하고, 걸핏하면 직분을 그만두겠다 하고…. "나 없이 한번 잘해보시지" 하며 강물을 협박하는 가소로운 이슬방울들이 교회마다 많이 있었습니다. 그러나 이슬방울 하나 떨어져 주지 않는다 하여 강물이 마르지는 않는다는 것은 너무나 분명합니다. 아브라함의 고백대로 먼지와 티끌 같은 우리가 하나님의 이 큰 역사에 감히 함께 동참하게 된 것은 기적과 같은 일이 아닌가요? 이 사실 하나만 가지고도 우리는 어떠한 경우에라도 감사하며 살아야 하는 것 아닌가요?

사실 하나님께서 하나님 나라의 역사를 진행하시는데 사람들의 도움은 전혀 필요하지 않습니다. 하나님을 믿어드린다고요? 하나님은 이 지구에 사는 60억 인구 가운데 한 사람도 하나님을 믿지 않아도 아쉬운 것이 없으신 분입니다. 하나님을 위하여 헌신해드린다고요? 하나님은 일손이 부족하지도, 능력이 모자라지도 않는 분입니다. 천지를 말씀 한마디로 창조하신 분입니다. 그분이 부리시는 천사 가운데 가장 못나고 무능력한 천사 하나만 동원하여 일하셔도 영웅적인 인간 모두가 모여서 하는 일보다 훨씬 더 빨리 그리고 더 능률적으로 그리고 더 멋있게 일을 하실 수 있습니다. 그러기에 사도 바울도, "하나님의 미련한 것이 사람보다 지혜 있고, 하나님의 약한 것이 사람보다 강하다"(고전 1:25)고 하셨을 것입니다. 걸핏하면 하나님을 믿어드린다 하고, 하나님을 위한다고 하는 말을 들을 때마다 저는 언제나 귀에 거슬립니다. 우리는 하나님의 일에 오히려 방해만 될 뿐이고, 하나님을 답답하게만 할 뿐입니다.

그런데도 하나님께서 직접 일을 하시지도 않고 천사를 동원하시지도 않으십니다. 그 답답함과 비능률을 참아가면서 굳이 우리들의 손과 발을 통하여 일을 하시고자 합니다. 하나님 자신의 필요 때문이 아닙니다. 우리 때문입니다. 그것이 우리의 영광이고, 복이고, 살아가는 의미이고 가치이기 때문입니다. 우리가 그것을 누리게 하시려는 사려 깊은 배려입니다. 하나님의 목적은 우리가 이루어내는 일이 아닙니다. 하나님께는 언제나 우리 자신이 목적입니다. 하나님께 정말 중요한 것은 우리 자신입니다. 우리가 하나님의 이름으로 행하는 일보다 우리 자신이 훨씬 더 중요하고 귀한 것입니다. 그리고 우리도 하나님을 그렇게 대하기를 바라십니다. 우리가 원하는 것을 얻기 위하여 하나님을 이용하는 것이 아니라, 하나님 자신이 우리가 원하는 목적이기를 바라는 것입니다.

이렇게 보면, 우리가 이 땅에 사는 동안 주님의 이름으로 무엇인가를 하고 있다는 것은 사실은 하나님을 위한 우리의 헌신이 아니고, 우리를 위한 하나님의 헌신이라고 해야 합니다. 우리가 인생의 참된 영광과 복과 가치와 삶의 참 의미를 누리며 살게 하시려는 하나님의 배려입니다. 더 훌륭하게, 그리고 더 효과적으로 일을 이루실 다른 방법이 있으면서도 그것을 접는 희생을 감수하시면서 굳이 우리에게 기회를 주시는 은혜인 것입니다. 이슬방울 하나 체험 후에 저는 목회의 분명한 원칙을 하나 세우게 되었습니다. 신앙의 연륜도 있고, 은혜 체험도 깊은 사람이 개인적인 시험과 상처를 빙자하여 배짱을 내밀 듯, 자기 없이 한번 해보라는 식으로 하던 일을 이제 그만하겠다고 하면 어떤 경우에도 애걸복걸하며 달래고 설득하고 타협하여 붙잡는 일을 하지 않았습니다. 자기 자신이 아니어도 하나님의 교회는 얼마나 멋있게 잘 진행되어가는지를 스스로의 눈으로 확인해야 그 사람에게도 결국 유익이라는 생각이 확고하였기 때문입니다.

강물이 이슬방울의 도움으로 도도히 흐르게 된 것이 아닙니다. 이슬방울이 도도히 흐르는 강물 덕분에 자기도 그 강이 되는 것입니다. 그것은 이슬방울 하나에게 말할 수 없는 영광이고 갚을 길 없는 은혜입니다.

어쨌든 한국교회가 이렇게 세계 교회의 주목을 받는 교회로 성장을 한 데는 교인들의 헌신이 단단한 몫을 하였다는 것은 누구도 부인할 수 없는 사실입니다. 그리고 교인들이 그렇게 헌신하게 된 것은 교회가 그렇게 가르쳤기 때문이라는 것도 분명한 사실입니다. 자기들 먹을 것이 없을 때에도 밥을 지을 때마다 그 밥을 먹을 식구 수대로 한 숟갈씩 쌀을 떠놓았다가 주일날 교회로 들고 와서 "성미"로 드리게 한 것 등은 유명한 일입니다. 사실, 우리나라 교회는 초기부터 헌신하는 교회였습니다.

　제가 유학 중일 때, 그 나라 교회들로부터 한국교회를 소개해달라는 부탁을 여러 번 받았습니다. 그래서 여러 교회와 교회 단체들의 모임에서 자랑스럽게 우리나라 교회를 소개하곤 하였습니다. 그때마다 저는 한국교회는 고난받은 교회요, 수많은 순교자를 내면서 고난을 통과한 교회라는 점을 첫째로 시작하여 네 가지 특징으로 한국교회의 특징을 요약하여 소개하곤 하였습니다. 언제나 빼놓지 않고 자랑스럽게 소개한 것이 있었는데, 한국교회는 헌신하는 교회라는 점이었습니다. 예배당 건축을 위하여 자기들의 결혼반지를 빼어 드리는 것은 보통으로 있는 일이라는 저의 이야기를 들으면서 그들은 깜짝 놀라는 눈빛들이었습니다. 서양 사람들의 의식 속에서 결혼반지는 말할 수 없이 중요한 것이니까요. 이어서 이야기하였습니다. 당신들은 일 년에 한 달씩 휴가를 하고, 그 휴가를 즐기기 위하여 방학 때면 교회도 주일 학교 문을 닫지만, 우리는 방학 때면 주일 학교마다 성경학교라는 특별학교(special class)를 개설한다고 말하였습니다. 우리는 일 년에 휴가가 당신들처럼 한 달이 아니라 길어야 5일인데 교사들은 일 년에 한 번밖에 없는 5일 동안의 휴가를 성경학교를 위해서 그 기간에 맞춰 찾아 쓴다는 이야기를 하면 이들은 혀를 내두르곤 하였습니다. 한국교회 교인들의 헌신을 부러워하였습니다. 그러나 문화 탓인지, 신앙 탓인지 자기들도 그렇게 하겠다는 엄두를 내지는 못하였습니다.

그러나 지금 다시 그곳에 돌아가도 여전히 그렇게 어깨를 활짝 펴고 당신들 맛 좀 보라는 듯이 우리나라 교회는 헌신하는 교회라고 당당하게 말할 수 있을지는 잘 모르겠습니다. 솔직히, 과거의 자랑거리로는 말할 수 있겠지만, 지금 한국 교회의 중요한 특징으로 헌신을 내세우기에는 양심이 좀 편치 않을 것 같다는 생각입니다. 사실은 헌신이 점점 사라져가고, 헌신이라는 용어도 점점 듣기가 어려워져가고 있는 것이 지금 우리나라 교회의 모습이라는 것이 저의 개인적이고 주관적인 인상이기도 합니다.

헌신은 자기를 드리는 것을 말하는 것입니다. 그러나 수많은 교회들의 자랑스런 자기 교회 선전과 메시지와 행사들 가운데서 우리가 듣는 것은 드리라는 말이 아닙니다. 우리 교회는 이런 시설도 있고 저런 장치도 있고, 이런 프로그램도 있고, 저런 행사도 있으니 와서 마음껏 "누리십시오!"하는 말입니다. "누리십시오!"만 있지, "드리십시오!"는 사라져가고 있습니다. 때로는 손님 끌기 작전이라도 펼치는 것 같기도 합니다. 인과응보인지, 교인들도 치열한 자기 "드러냄"만 있지, 자기 "드림"의 모습은 점점 사라져가고 있습니다. "누리십시오"만 있지 "드리십시오"가 없는 교회, "자기 드러냄"만 있지 "자기

드림"이 없는 교인들. 이것은 매우 위험한 일이라는 생각이 듭니다. 수백 명 모이는 교회들이 교회 청소를 할 교인들이 없어서 일당 상당액을 지불하며 청소 아주머니들을 고용해서 한다는 이야기를 들었습니다. 수천 명 모이는 대형교회에서 주일날 식당에서 봉사할 사람이 없어서 파출부 아주머니들을 사서 한다는 이야기를 탄식처럼 하는 교인이 있었습니다. "우리는 설거지는 할 수 없고, 대신 돈을 얼마든지 낼 테니 파출부를 사서 하라"는 제안을 내놓은 여선교회가 있었다는 어느 큰 교회의 이야기도 들었습니다. 시대가 바뀌고 상황이 변했으니 그런 행태를 꼭 부정적으로만 볼 일도 아니긴 합니다. 그러나 이전 시대 교인들의 교회생활을 익히 보고 배우며 자란 터라 그런지 저는 저대로 염려가 되기도 합니다.

어느날 멍하니 앉아 이 생각 저 생각 굴리다가 문득, 70년대를 휩쓸던 사이몬과 가펑클의 노래 한가락이 생각났습니다. "철새는 날아가고…" 그 노래의 가사 내용과 상관없이 철새는 날아가버렸다는 그 제목이 자꾸 떠올랐습니다. 그리고 나도 모르는 사이에 "철새는 날아가고"라고 노래하는 대신 "헌신은 날아가고…"라고 노래하고 있는 애처로운 내 모습이 떠올랐습니다. 교인 수가 빨리 늘지 않아도, 아니 오히려 교인 수가 좀 떨어져도 "드리십시오!"라고 더 말해야겠다고 다짐을 해봅니다. "자기를 드러내려는 치열함"이 아니라, "자기를 드리는 헌신"으로 사는 신자를 길러내는 목회를 해야겠다는 결심을 해봅니다.

말없이 자리를 지키는 고마움

있을 때는 그 가치를 모르다가 없어진 다음에야 비로소 그 귀함을 실감하는 경우가 종종 있습니다. 어느 겨울, 주일 아침이었습니다. 강단에 오르는데 예배당이 왠지 허전하고 횅한 느낌이 들면서, 마치 한 쪽에 구멍이 뚫린 것 같은 기분이었습니다. 처음에는 50년만의 강추위라는 날씨 탓인가 했으나 그것도 아니었습니다. 바깥 날씨는 혹독하게 추웠지만, 실내는 이른 새벽부터 보일러를 가동시켰기 때문에 훈훈하였습니다.

이상하다 싶어 둘러보니 주일이면 언제나 거기 있던 꽃꽂이가 없는 것이었습니다. 강대상 양옆으로 꽃은 없이 받침 탁자만 덩그러니 있는 것이 나도 모르게 허전하고 뭔가 쓸쓸한 기분을 갖게 한 것이었습니다. 그런데 저만 그런 게 아니었던

지 저희 아이들을 포함하여 몇몇 사람들도, "왠지 강단 분위기가 이상하다 했더니 꽃이 없더라"는 이야기를 했습니다. 그곳에 꽃이 있을 때는 으레 그러려니 하면서 그 자리에 꽃꽂이가 있다는 사실의 가치를 느끼지 못하다가, 그 자리가 휑하니 비어서야 비로소 느끼고 실감하게 된 것입니다. 그리고는 여러 해 동안 말없이 주일마다 꽃꽂이로 그 자리를 지켜 온 그 손길의 고마움을 새삼스럽게 느꼈습니다.

그러나 이상한 생각이 들었습니다. 사실은 금요일 오후에 교회 청소를 하면서 이미 예쁘게 장식된 주일 꽃꽂이가 놓여 있는 것을 저는 분명히 보았기 때문입니다. 그런데 주일 아침에 와보니 꽃들이 없어지고, 강단이 그렇게 썰렁해 보인 것입니다. 예배를 마치고 알아보았습니다. 사연이 있었습니다. 전날 날씨가 너무 추워서 꽃들이 얼어버리고, 주일 아침에 보일러를 틀어대니 얼었던 꽃들이 녹으면서 시들시들 고개를 숙여버린 것입니다. 그대로는 도저히 강단에 놓을 수가 없어서 예배 전에 치워놓은 것이었습니다. 아닌게 아니라 풀이 죽은 꽃들이 유치부 방 한구석에 치워져 있었습니다. 꽃꽂이 한 집사님의 상하고 상했을 마음을 생각하니 안쓰럽고 미안한 생각이 들었습니다. 그러나 저는 한편으로는 감사하였습니다. 그 자리가 비어서야 비로소 그 자리를 지키고 있는 것의 고마움을 실감했기 때문입니다. 그리고 지금까지 말없이 자기 자리를 지켜오고 있는 이 구석 저 구석의 지체들에 대한 고마운 마음과 대견스러움이 제 마음을 가득 채웠기 때문입니다.

기왕에 깨달은 것, 이번 기회에 아주 확실하게 깨달으라 해서였는지, 그날 사건은 또 있었습니다. 예배 후 교인들이 함께 식사하는 점심시간이었습니다. 밥은 설익었고, 콩나물국은 덜 삶아진 콩나물 비린내가 났습니다. 그렇잖아도 죄송하고 면목 없을 식사 봉사자들이 상처를 받을까 염려하여, '제 죄를 제가 알겠지' 하는 마음으로 아무 불평 없이 입을 쩝쩝거리며 괜찮은 듯 먹고 있는데 소식이 들려왔습니다. 한창 밥솥이 끓고, 콩나물국 솥이 끓고 있는데 중간에 그만 가스가 떨어지는 바람에 그렇게 되었다는 것이었습니다.

토요일에 나와서 주일에 쓸 가스가 충분히 남아 있는지 가스통 한번 체크하는 일을 맡은 사람이 그 책임 하나를 소홀히 하니, 결국 전 교인이 덜 된 밥에 비린내 콩나물국을 먹는 소동이 벌어진 것입니다. 이날 점심시간은 아무리 사소해 보이는 일도 사실은 사소한 일이 아니고, 아무리 별것 아닌 자리도 사실은 별것 아닌 자리가 아니라는 위대한 진리를 전교인이 확인하는 체험학습장이 되었습니다.

묵묵히 자기의 자리를 지키며, 말없이 자기의 일을 감당하고 있는 여러분, 사랑합니다. 그리고 존경합니다. 여러분이 지키고 있는 그 자리는 결코 사소하거나, 중요하지 않은 자리가 아니랍니다. 평소에는 아무것도 아닌 것 같고, 있으나 없으나 별 차이가 나지도 않는 것 같이 생각될지 모릅니다. 그러나 그 자리 하나가 비면 전체 분위기가 왠지 모르게 허전해지고 썰렁해집니다. 교회에서 그런 일이 일어나면 목회자는 왠지 목회가 어색하고 힘들어집니다. 우리가 각각 말없이 지키고 있는 그 자리와 그 역할은 모두가 중요한 자리이고 모두에게 고마운 역할입니다.

사람은 다른 짐승들과는 다릅니다.

사람은 단순히 배가 부른 것만으로는 만족하며 살 수 없습니다. 옛날 어른들은, "사람이 살면서 배부르고, 등 따뜻하면 된다"고 말씀하곤 하였습니다. 지긋지긋한 가난에 시달리다 보니 배부르게 한번 먹어보고, 따뜻한 구들장에 등 붙이고 발 쭉 뻗고 한번 자보는 것이 소원인 때가 있었습니다. 그러나 찢어지는 가난으로 춥고 배고픈 설움이 한이 맺혀 말은 그렇게 하면서도, 사람은 입에 들어가는 것만 가지고는 사람답게 살 수 없다는 것을 그 분네들도 알고 있었습니다.

그러기에 그 지긋지긋한 가난 가운데서도 오히려 더 가난하게 살 것을 각오하면서 자식들을 학교 보내고 가르치는 일을 그렇게 힘썼던 것입니다. 그것은 사람은 사는 보람이 있어야 한다고 생각했기 때문입니다. 자식 하나 잘 키우는 것이 부모 된 보람이라고 그 어른들은 믿고 있었기 때문에, 그 보람을 위하여 그 가난과 그 고생을 선뜻 택한 것이었습니다.

사람은 사는 보람이 있어야 사는 맛이 있습니다. 사람은 과거를 돌아보면 살아 온 보람이 있어야 하고, 앞을 내다보면 지금 이렇게 사는 보람이 내다보여야 합니다. 보람 중에 가장 큰 보람은 사람을 키우는 보람입니다. 저는 오래전부터 사람을 키우는 삶을 살고 싶었습니다. 목사가 되자 그 소원이 더 절실하여졌습니다. 목회를 시작하면서는 그것이 저의 목회 철학이 되었습니다. 그래서 제가 목회하는 동안 우리가 지향하는 교회상 가운데 하나를 "사람을 키우는 교회"라고 하였습니다. 실제로 이루어내는 것도, 그것을 위하여 희생하는 것도 없어서 자주자주 속이 상하기도 했습니다. 그것이 입술의 구호와 감동적인 설명으로만 끝나버리고 말까봐 불안하기도 하였습니다. 그러나 언젠가는 하나님께서 사람을 키우고 싶은 이 소원을 마음껏 펼칠 수 있는 은혜를 주실 것이라는 믿음은 여전히 있었습니다.

그런 가운데서도 저는 종종 사람 키우는 보람을 누리곤 합니다. 저 같은 게 뭐라고 저를 만나서 자기들이 자랐다며 저 만난 것을 그렇게 고마워하는 사람들을 간간이 만나곤 합니다. 또 배운대로 본대로 열심히 살아보겠노라며 애쓰는 이들을 보면 사는 보람이 있고, 그 보람이 감격스러워 눈물이 날 때도 있습니다.

사도 바울은 데살로니가 교인들에게 정성을 쏟아부었습니다. 그 자신의 말을 빌리면, 하나님께 합당히 행하는 사람 하나 키워보려는 심산으로 그렇게 한 것이었습니다. 때로는 유모처럼, 때로는 아비처럼, 그들을 위해서라면 목숨을 내놓는 것도 기쁨이 되는 그런 사랑으로 그들에게 모든 정성을 다 쏟으며 그들을 대하였습니다. 사도 바울이 여러 해 후에 놀랍게 믿음이 커버린 그들의 모습을 전해 들으며 그렇게 감격스러워 했던 모습을 저는 자주자주 떠올립니다. 그리고는 마치 큰 바위 얼굴을 바라보는 소년처럼 저는 바울의 그 모습을 바라봅니다. 저도 그렇게 되고 싶은 것입니다.

"당신들은 우리 주님이 오실 때에 그분 앞에서 나의 소망이요, 기쁨이요, 자랑스런 면류관입니다. 당신들은 나의 영광이요, 기쁨입니다"(살전 2:19-20).

당신들은 나의 보람! 바울은 그렇게 외치고 있습니다. 저는 주르르- 사도의 얼굴을 흘러내리는 보람과 감격의 눈물을 눈에 선하게 봅니다.

보람 중에 가장 큰 보람은 사람 키우는 보람입니다.

절망과 소망

제가 고등학생 시절에 진심으로 존경하는 선생님이 계셨습니다. '정치 경제'라는 과목을 가르치시는 손 선생님이라는 분이었습니다. 어느 날 우리 학교 학생 한 사람이 자살을 하였습니다. 온 학교가 충격에 휩싸였습니다. 손 선생님이 교실에 들어오시더니 창밖을 바라보며 한참을 그냥 서 계셨습니다. 그리고는 그 학생이 자살을 놓로 참으로 비통한 표정을 지으며 말씀하셨습니다.

"인생은 살아야 맛이다. 살아야 할 인생을 왜 죽는가?"

저는 그 말씀을 꼭꼭 가슴에 새겼습니다. "인생은 어떻게 해서든 살아야 맛이다." 그러나 그 이후 20여 년을 살아보니, '인생이란 살아야 맛'이 아니었습니다. 그저 살아있다고 사는 맛이 나는 것이 아니었습니다. 어떻게든 버티고 살아만 있으면 언젠가는 사는 맛이 드디어 찾아와주는 것도 아니었습니다. 살아 있는데 차라리 죽는 것만 같지 못한 때가 있다는 것을 알게 된 것입니다.

부목사 시절 교인 한 분을 심방하여 이야기를 나눈 적이 있었습니다. 그분은 내게 투덜투덜하였습니다.

"당장 죽어버리고 싶고, 미련없이 죽을 수도 있는데, 재수 없게 예수까지 믿는 바람에 마음대로 죽을 수도 없어요."

이분은 차라리 죽는 것이 살아 있는 것보다 나아 보일 만큼 큰 어려움을 겪고 있었습니다. 앞뒤가 꽉 막힌 깊은 절망감에 짓눌려있었습니다. 절망은 우리에게서 의욕을 빼앗아갑니다. 우리를 한없이 무기력하게 합니다. 그러므로 절망 속에 빠져서야 살아 있어도 사는 맛이 나지 않습니다. 인생은 살아야 맛이 아니라, 소망이 있어야 맛입니다. 소망이 있는 한 우리는 살 수 있습니다. 또 사는 의미도 누릴 수 있습니다. 욥은 아무 데서도 하나님이 계신다는 것을 확인할 수 없는 처절한 좌절과 장래에 대한 어떤 가능성도 기대할 수 없는 완전한 절망의 상황에 던져졌습니다. 그러나 나는 내가 가야 할 길을 알 수 없지만 오직 하나님은 아신다는 소망, 아무런 장래의 가능성도 없지만 하나님은 결국 나를 순금처럼 좋게 하신다는 소망 때문에 신음하면서도 하루하루를 살아낼 수 있었습니다.

사람들은 이 '절망'과 '소망'에 대하여 중대한 오해를 하곤 합니다. 우리는 도토리묵, 두부 하듯이 절망과 소망이라는 것이 본래부터 고정되어 거기에 그렇게 있다고 생각합니다. 나는 가만히 있는데 때로는 절망이라는 것이 난데없이 닥쳐오고, 때로는 소망이라는 것이 어디로부터인가 내게로 와 준다고 생각합니다. 그러나 우리에게 닥쳐오는 모든 크고 작은 일들이 그 속에 이미 절망의 얼굴과 소망의 낯을 다 가지고 있습니다. 문제는 우리가 어떤 면에 관심과 생각과 시선을 맞출 것인가 하는 것입니다. 똑같이 사고를 당했는데 한 사람에게는 감사의 제목이기도 하고, 다른 사람에게는 원망과 절망의 이유가 되기도 합니다. 같은 죽음이 한 사람에게는 찬송의 기회이기도 하고, 다른 사람에게는 탄식의 근거가 되기도 합니다.

후배인 명 목사 처형의 이야기에 저는 코끝이 찡하였습니다. 40대 초반에 몹쓸 암에 걸린 신앙 좋은 여집사님이었습니다. 견디기 힘든 고통을 견디며 투병을 이어가던 어느 날 봉투 하나를 요청하였습니다. 그 봉투에 글을 쓰고 상당액의 돈을 넣어 다시 동생에게 맡겼습니다. "천국 가게 해주신 것 감사합니다."라고 쓴 장례식 감사헌금이었습니다. 그리고 보름 후에 세상을 떠났습니다. 병에 걸려 갖은 고통 다 당하고 죽어가면서도, 죽기 보름 전에 자기의 장례식 감사헌금 봉투를 미리 마련하여 드렸다는 그 여인의 이야기가 나의 가슴을 뒤흔들었습니다. 그 여인은 도대체 무엇을 믿었을까? 무엇을 잡았을까? 통증이 몰아치는 그 병상에서 도대체 무엇을 생각하고 무엇을 보았길래 원한으로 가득 채워도 모자랐을 40대 초반의 그 병상에서 오히려 감사로 가득 채운 봉투를 마련하여 그렇게 드릴 수 있었을까? 그는 더러운 병마에 시달려 이제는 마치 꺼져가는 심지처럼 시들어가고 있는 여인이었습니다. 그러나 그 여인에게서 우리가 본 것은 엉뚱하게도 시들어 가는 심지가 아니라, 세상을 다 이기고 우뚝 선 승리자의 모습이었습니다.

소망은 항상 있습니다. 소망을 인정할 수 없을 때가 있고, 가능성을 실감할 수 없을 때도 있습니다. 그러나 소망은 여전히 있습니다, 하나님이 죽지 않으신 한 소망은 항상 있습니다. 시편 기자의 노래가 생각납니다.

"나는 항상 소망을 품고 주를 더욱더욱 찬송하리이다."

(시 71:14)

"내 병 고치자고 그럴 순 없잖아요!"

김 집사님은 그토록 고집을 부리면서 예수 믿기를 거부하는 남편을 위하여 끈질기게 기도하였습니다. 교회에서 기도 제목을 제출받으면 언제나 1번은 남편이 예수믿고 교회에 나오는 것이었습니다. 애쓴 보람으로 드디어 남편이 예수를 믿게 되자 김 집사님은 세상을 얻기라도 한 것처럼 그렇게 좋아하였습니다. 자주 심방을 가서 남편을 만나주고 대화도 해주는 제게도 은인처럼 고마워하였습니다. 간경화를 심하게 앓던 그 남편이 얼마 안있어 세상을 떠났을 때에도 김 집사님은 그다지 슬퍼하지 않았습니다. 오히려 남편이 예수 믿고 세상 떠난 것과 자신이 남편을 위하여 그 일을 해낸 것을 감사하며 스스로 큰 위로를 누렸습니다.

어느 날인가 저에게 그렇게 고백하던 생전의 남편 이야기를 나누며 김 집사님과 저는 마음 흐뭇해하곤 하였습니다. 그런데 남편이 떠나고 일 년 가까이 지났을 때였습니다. 김 집사님이 원인을 알 수 없는 병으로 극심한 고통에 시달리기 시작하였습니다. 갑자기 복부에 통증이 오기 시작하면 그 고통을 견딜 수 없어서 방바닥을 구르다시피 하였습니다. 저는 이틀이 멀다하고 심방을 갔습니다. 병원도 여러 곳을 여러 번 가봤지만 아무런 효과가 없었습니다. 원인 규명도 하지 못한 채, 시도 때도 없이 고통은 찾아왔습니다. 한번은 심방을 갔는데 그 고통이 찾아왔습니다. 집사님은 괴로워서 어쩔 줄을 몰라 하였습니다. 저도 너무 답답하였습니다. 그리고 괜히 화도 나고, 하나님이 서운하기도 하였습니다. 그래서 다시 그분을 붙들고 목이 터져라 애원하며 기도하였습니다. "하나님, 김 집사님을 낫게 해주세요. 고통이 물러가게 해주세요." 그러다가 저는 하나님께 하소연을 하였습니다. "하나님, 저는 남다른 기도의 능력이 있는 것도 아니고, 담임목사도 아닌데 왜 저에게 이런 짐을 주셔서 이렇게 힘들게 하시는 겁니까?" 저는 방바닥을 치며 불만에 가득 찬 항의로 하나님께 울부짖었습니다. 그 당시 저는 정신 이상으로 많은 문제를 야기하고 있는 한 자매를 매일 심방하여 세 시간 가까이 기도와 찬송으로 보내고 녹초가 되어 돌아오곤 했었습니다. 게다가 김 집사님 일까지 겹치자 저는 너무 힘들기도 하고, 하나님이 야속하기도 하였던 것입니다.

내가 김 집사님을 그렇게 열심히 심방하고 힘을 다하여 기도하는 데는 또 다른 이유가 있었습니다. 김 집사님 시댁 친척 가운데는 예수 믿는 사람이 없었습니다. 대신 무당이 있었습니다. 그런데 집사님이 그렇게 아프다는 이야기를 듣고는 그 친척들이 계속 전화를 하는 것이었습니다. 그리고 반협박으로 반애원으로 같은 말을 계속하는 것이었습니다. 그날 아침에도 전화가 왔었다고 했습니다.

"예수 믿는 것을 중단하고 우리 쪽으로 믿음을 바꾸면 당장 그 병을 고쳐줄 수 있다."

친척 무당을 앞세워 계속 그렇게 독촉하는 것이었습니다.

"우리에게로 돌아오라."

그런데 김 집사님은 그 극심한 고통 가운데서도 제게 단호하게 말했습니다.

"목사님, 내 병 고치자고 하나님을 배반할 수는 없잖아요! 내 병 고치자고 그럴 수는 없잖아요!"

병을 못 고치면 못 고쳤지 하나님을 배반할 수는 없다는 단호함이었습니다. 우리 하나님에 대한 그 믿음이 저는 고마웠습니다. 견디기 힘든 고통 가운데서 신음처럼, 하소연처럼 저에게 내놓는 말이었습니다. 그러나 저에게는 누구보다 씩씩하고 단호한 신앙고백처럼 들렸습니다. 고통에 얼굴을 찡그리면서도 그렇게 말하는 집사님의 모습이 정말 감동적이었습니다. 그래서 저는 사단과 싸우는 마음으로, 그리고 김 집사님의 그 고마움에 보답하는 마음으로 힘을 다하여 기도하였습니다. 그렇게 몇 달이 지나고, 제가 유학을 떠날 때까지도 집사님의 그 병은 차도가 없었습니다. 나는 걱정을 하며 유학을 떠났습니다. 집사님은 여전히 그 무당 패들의 권고를 거부하며 하나님을 붙잡고 버티고 있었습니다. 그리고 2년쯤 있다가 잠간 다니러 한국에 왔다가 저는 그 집사님을 다시 만났습니다. 깨끗이 나아서 건강한 모습이었습니다. 저와 헤어질 때, 집사님은 어디서 들었는지, 목사님 오징어 좋아하시니 가지고 가서 드시라며 마른 오징어를 한 보따리 챙겨 주셨습니다.

김 집사님은 오래전에 권사님이 되어 지금도 하나님을 섬기고 있습니다. "내 병 고치자고 하나님을 배반할 수는 없잖아요!" 제가 연약해지려 할 때면 집사님의 그 말과 그 모습이 가끔씩 떠오릅니다.

"목사님, 하나님이 이 고집쟁이를 이겼습니다. 아니지요, 하나님의 사랑이지요!" 50대 중반의 한 남자 분이 제게 한 말이었습니다. 어렵사리 예수님을 영접한 지 서너 달이 지난 때였습니다. 그리고 서너 달 있다가 그분은 세상을 떠났습니다. 그분은 심한 간경화증을 앓고 있었습니다.

제가 부목사로 사역하던 교회의 김 집사님의 남편이었습니다. 그분은 나름대로 아주 똑똑한 분이었습니다. 생활은 넉넉지 않고, 집도 그리 큰 집이 아니었지만, 방안에는 당시 영웅시되고 있었던 김영삼 씨의 "대도무문(大道無門)"이라는 휘호가 제 키만한 액자에 넣어서 걸려 있었습니다. 심방을 가보면 머리맡에는 언제나 월간지 신동아가 놓여 있었습니다. 그분은 예수님 영접을 오랜 기간 거부하였습니다. 사실, 제가 그분을

만날 수 있었던 것도 여러 번 여러 번 찾아간 후에야 비로소 가
능했습니다. 그분은 목사를 아예 만나주지 않았던 것입니다.

그분의 아내인 김 집사님은 믿지 않는 남편 때문에 언제나
마음에 근심을 안고 살았습니다. 더구나 남편의 간경화가 심
해지면서 믿지 않는 남편에 대한 걱정은 더 깊어갔습니다. 제
가 그 분의 남편을 전도하기 위해 심방을 가기 시작하였습니
다. 그러나 도무지 만날 수가 없었습니다. 지금 집에 계신다는
것을 확인하고 뒷문으로 들어갔는데도 방에 가서 보면 벌써
앞문을 통하여 어디로 달아나고 없었습니다. 앞문으로 들어가
면 뒷문으로 달아나고, 뒷문으로 들어가면 앞문으로 달아나
고.... 007 작전처럼 그렇게 저는 찾아가고, 그분은 그렇게 달
아나기를 여러 차례 반복하다가 드디어 어느 날 그분을 만나
게 되었습니다. 시장 근처에서 살다가 조그만 아파트로 이사
하고 얼마 지난 후였습니다.

만나기는 했지만 한 동안은 서로 말이 통하지 않았습니다.
그분은 나름대로 유식하였습니다. 게다가 교회에 대한 아주
좋지 않은 집안의 경험과 선입관을 가지고 있었습니다. 그분
은 나름대로의 인생철학과 인생살이에 대한 지론을 가지고 내

게 가르침을 베풀곤 하였습니다. 그리고 무릇 교회란 어떻해야 하는데 지금 교회들은 무엇이 잘못되어 있는가 등에 대한 비판이 만만치 않았습니다. 그분의 인생론과 교회론을 저는 말 없이 듣고 돌아오곤 하였습니다. 그분은 열변을 토하시고, 어리고 깡마른 저는 가만히 듣기만 하다가 마지막에 겨우 한마디를 하고 돌아오기를 여러 번 하였습니다.

"그래도 예수 믿으시고 교회 나오세요."

내가 할 수 있는 말은 그것밖에 없었습니다. 만나는 횟수가 많아지면서 정이 들었던지, 아니면 잘 들어주고 맞장구를 쳐주는 내가 맘에 들었던지 어느 날부터는 저의 말에 귀를 기울이기 시작하였습니다. 그리고 얼마 후 그분은 마침내 예수님을 영접하였습니다. 그리고 저와 함께 기도하는 것을 좋아하기 시작하였습니다. 그의 아내인 김 집사님은 하늘을 날아 갈 듯이 좋아하였습니다. 저는 정기적으로 그분을 심방하여 이야기를 나누고 그분을 위하여 기도하였습니다.

그러던 어느 날 그분이 심방을 간 저에게 누워서 그렇게 말씀하시는 것이었습니다.

"목사님, 하나님이 이 고집쟁이를 이겼습니다."

그리고는 얼른 다시 말을 바꾸었습니다.

"아니지요, 하나님의 사랑이지요!"

그 말을 들으면서 저는 얼마나 감사하고 감동이 되는지, 눈물이 났습니다. 그 후 그분은 아내에게, 가족들에게, 그리고 교인들에게 얼마나 감동을 주는 말들을 하는지 모두가 놀라워했습니다. 그동안은 속으로 "헛똑똑이"라고 생각하며 그분의 말을 듣곤 하였는데, 알고 보니 그는 "진짜 똑똑이"였습니다. 김집사님은 남편이 집사인 자기보다 신앙이 낫다며 그렇게 좋아하였습니다. 나중에는 아내에게 이런 말도 했습니다.

"나 먼저 가서 있을 테니까 이 힘든 세상에서 너무 오래 고생하지 말고 따라와."

그날도 보람과 기쁨에 차서 그분을 찾아가 마음 편한 대화를 하였습니다. 기도하고 집에 돌아와서 막 현관문을 열고 들어서면서 그 댁에서 걸려 온 전화를 받았습니다. 제가 돌아가고 10분쯤 있다가 세상을 떠나셨다는 전화였습니다. 저는 기쁨으로 경상도 상주의 어느 산골짜기까지 영구차를 타고 가서 그분의 장례를 치루어드렸습니다. 지금도 가끔 그분의 그 고백이 생각나곤 합니다.

"목사님, 하나님이 이 고집쟁이를 이겼습니다. 아니지요, 하나님의 사랑이지요!"

아내의 결단

가정의 달이 되면 문득 궁금해지는 것이 있습니다. 어린이날도 있고, 어버이날도 있는데, 왜 부부의 날은 없는지 모르겠습니다. 제가 유학 생활을 시작하고 2년 가까이 되던 어느 날이었습니다. 아내가 제게 조용히 말했습니다.

"아이들을 돌보고, 남편과 아이들이 공부에 전념할 수 있도록 음식을 신경 써서 만드는 것도 나만이 할 수 있는 아주 중요하고 귀한 나의 일이라는 생각을 했어요."

다른 한국인 유학생 부인들은 모두 영어 과외네, 음악 레슨이네, 운동이네 하며, 이런저런 특별 활동과 여가 활동 등에 경쟁적으로 몰두하고 있을 때였습니다. 제 아내도 다른 부인들처럼 이것저것을 하고 싶어 했었습니다. 또 그때는 나가서 무엇인가를 하지 않으면 마치 열등한 사람처럼 스스로 기가 꺾이기도 하는 그런 분위기였습니다.

그런데 그러한 상황에서 제 아내는 가족을 후원하기 위하여 자기 욕구와 자존심을 희생하기로 결정을 내린 것이었습니다. 남편의 식단과 아이들의 영양 섭취를 위해서 신경 쓰고, 남편과 아이들이 공부에 전념할 수 있는 여건을 조성하기 위하여 이모저모로 애를 쓰며 그 일에 시간을 보내는 것도 자신에게는 의미 있는 귀한 일이라는 생각을 품은 것이었습니다. 그 시로 아내는 테니스 레슨도, 영어 과외도, 밖으로 나가서 시간을 보내던 몇 가지 일들을 중단하였습니다.

왜 여자만 집에 틀어박혀서 가치도 없는 반복적인 일들에 인생을 허비해야 하느냐는 여권론자의 주장을 모르는 무식함 때문이 아니었습니다. 여자는 어쩔 수 없으니 그렇게 살아야 한다는 패배적 여성론자의 숙명론 같은 생각에서도 아니었습니다. 스스로 의미를 발견하고, 마음에서 우러나는 사랑의 몸짓으로 그러한 결정을 한 것이었습니다. 저는 아내가 오랜 고민 끝에 그런 결정을 내린 것임을 금방 알 수 있었습니다. 저는 돌아서서 눈시울이 찡하는 고마움을 느꼈습니다.

이러한 아내의 덕분이었는지, 유학생 가운데 가장 나이가 많은 사람 가운데 하나였고, 체격도 가장 작은 축에 들었던 저는 한 번도 크게 앓아 본 적이 없었습니다. 강철이라는 말을 들으며 6년도 더 되는 유학 생활을 마쳤습니다. 가끔씩 동료 유학생들이 와서 식사를 같이 할 때면 언제나 입맛에 맞는 정성 어린 음식을 먹으며 지내는 저를 부러워하곤 했습니다.

그 이후 저는 혹시 계획한 만큼 공부의 진척을 이루지 못할지라도 때로는 아내와 단 둘이서, 때로는 가족과 함께 시간을 같이 보내는 일을 소홀하지 않으려고 애썼습니다. 오페라나 콘서트에도 자주 가고, 훌쩍 떠나는 한적한 부부 여행과 가족 캠프도 자주 했습니다. 돈이 없으면 빚을 내어서 했습니다. 시간이 없으면 학위를 천천히 받겠다며 공부를 늦추었습니다. 저는 아내가 고마웠고, 아내는 또 그러는 제가 고맙다고 했습니다. 공부를 마치고 담임목사로 돌아온 지 수년이 지나도록 그렇게 즐기던 음악회 한번, 여행 한번 함께 가지 못했지만, 고마운 마음이야 변함없이 늘 제 마음 속에 간직하였습니다.

이번 가정의 달에는, 굳이 비싼 미국식 스테이크 집이나, 실내 장식 우아한 프랑스식 요리집이 아니라도, 뻥튀기라도 한

봉다리 사 들고 조용한 공원 나무 밑 벤치에라도 나가서 부담 없이 옛날이야기라도 나누며 앉아 있다 오는 여유를 부려보고 싶습니다. 내 속에 있는 아내에 대한 고마운 마음을 다시 말해 주고 싶습니다. 아내 속에 있는 저에 대한 고마운 마음을 다시 들어보고 싶습니다. 사실, 부부의 날은 있을 필요가 없습니다. 죽어서 헤어지기까지는 매일 매일이 부부의 날이니까요.

남편과 아내

"하나님, 좋은 아내 주신 것을 깨닫게 하여 주신 것 감사드립니다."

"지금까지 남편에 대한 감사함을 모르고 살았던 것을 용서하여 주세요."

결혼하여 10여 년을 같이 살아온 한 부부가 어느 주일에 드린 감사헌금 봉투에 쓰인 글귀였습니다. 이 부부가 이렇게 할 결심을 하기까지는 어쩌면 멋쩍고 쑥스러운 모습으로 마주 보고 앉아서 많은 이야기를 나누었을 것이 분명합니다. 그동안 안하던 짓 해가며 많은 이야기 나눈 뒤 봉투 하나를 앞에 놓고 남편은 "하나님, 좋은 아내 주신 것을 깨닫게 하여 주신 것 감사드립니다"라고 쓰고, 아내는 그 밑에 "지금까지 남편에 대한 감사함을 모르고 살았던 것을 용서해주세요"라고 쓰는 이 부부의 모습을 상상해 보면서 저는 하나님께 큰 감사를 드렸습니다.

사실 그해 가정의 달을 맞으면서 저는 부부에 대한 하나님의 말씀을 교우들에게 전달하고자 나름대로 애를 쓰며 한 달을 보냈습니다. 몇몇 부부들을 위해서는 특별히 마음을 써서 기도를 드리는 것도 소홀하지 않았습니다. 그런데 가정의 달 마지막 주일에 한 부부가 위와 같은 고백과 함께 하나님께 감사를 한 것입니다. 목사인 저는 사실 이럴 때 사는 보람을 느끼고, 목사를 그만두지 말아야겠다는 다짐을 새삼스럽게 재확인하곤 합니다.

그렇게 행복한 주일을 보내고 이틀 후인 화요일 저녁이었습니다. 난생 처음 참 생소한 예식에 초대를 받아 갔습니다. 오래전부터 친분을 맺어오고 있는 분의 재혼식에 초청을 받아 간 것입니다. 가서 보니 저에게는 기도 순서까지 배당이 되어 있었습니다. 신랑(?)은 결혼 10여 년에 아이가 둘인데 이혼을 한 처지였습니다. 신부(?)도 결혼 10년 미만에 아이가 둘인데 이혼을 한 처지였습니다. 그런데 두 사람 다 이혼한 상대방이 절대로 아이들을 포기할 수 없다 하여 홀몸들이었습니다.

신랑은 제가 잘 아는 대로 성품도 참 좋고, 재미있고, 인정도 많고, 유머도 풍부한 멋쟁이입니다. 신부도 보기에 참 유순하고, 차분하고, 좋아보였습니다. 그런데 이전 부인과 또 이전 남편과 사이에 무엇이 그렇게 큰 문제가 있어서 도저히 같이 살 수 없을 지경이었는지 마음 한구석이 내내 쓸쓸하였습니다. 그래도 이 두 사람을 평생 혼자서 사람 그리워하며 외로운 삶을 살도록 버려두지 않으시고, 상처를 싸매시며 아픔을 치료하시고, 새로운 시작을 주시는 하나님의 은혜가 감사하다는 생각이 들었습니다. 그래서 다시 결혼하는 이 부부를 위하여 신중하고도 간절한 기도를 하나님께 드리고 돌아왔습니다.

돌아오면서, 이제 막 재혼식을 올리고 새로운 출발을 한 이 부부가 오래오래 행복하게 지냈으면 좋겠다는 소원이 생겼습니다. 감사헌금을 한 집사님 부부처럼, 상대방이 좋은 아내라는 사실을 깨달으며 감사하고, 상대방이 좋은 남편이라는 사실을 확인하고 감사하며 살아갔으면 하는 바램이 생겼습니다.

"너의 샘으로 복되게 하라"는 잠언서의 말씀이 다시 생각납니다.

감사의 능력

5년 동안의 쉽지 않았던 부교역자 생활을 청산하고 난생 처음 새로운 나라에서 유학 생활을 시작하니 모든 것이 신기하고 마냥 감격스럽기만 하였습니다. 바닷가에 가서 먼 수평선을 바라보고 있노라면 "나 같은 사람이 어떻게 여기까지 와서 여기에 서 있게 되었는가!"하는 생각이 들면서 감격에 겨운 찬송이 저절로 나왔습니다. 이국땅에 나와서 온 가족이 한 식탁에 앉아 밥을 먹고 있는 모습이 하도 신기하기만 하여 감사가 절로 터져 나왔습니다.

당시에 온 가족이 함께 유학을 떠난다는 것은 엄두도 낼 수 없는 형편이었습니다. 그래서 우리는 남은 가족의 거처를 위해 아버님 고향 산골의 빈집 한 채를 월세 5만원에 계약을 해 두었습니다. 그런데 제가 떠나고 두 달 후, 기적처럼 아내와 아이들이 오게 되어 온 가족이 그곳에서 함께 살게 된 것입니다. 그러니 식탁에 둘러앉은 가족을 보면 신기하고 감사할 뿐이었습니다.

머리가 허연 서양인 교수님과 마주 보고 앉아서 토론을 벌이고 있는 나의 모습을 보아도 감사할 따름이었습니다. 아내를 보고 있어도 감사하고, 이웃 친구를 만나도 감사하고, 도서관에 가서 앉아 있어도 문득문득 감사가 터져 나와 혼자 중얼거리고... 여하튼 모든 것이 감사했습니다.

그래서 저는 자주자주 밑도 끝도 없이 "감사하다."는 말을 여기저기서 털어놓곤 했습니다. 특별한 용건도 없으면서 "여보!" 하고 아내를 불러보고, 아내가 웬일인가 하여 눈을 동그랗게 뜨고 나를 쳐다보면, "감사하다. 감사해!" 하면서 씽긋 웃기를 수도 없이 했습니다.

사는 것이 그렇게 재미있고 즐거울 수가 없었습니다. 그냥 괜히 기분이 좋았습니다. 마음이 그렇게 평안할 수가 없었습니다. 그냥 행복했습니다. 아이들도 그렇게 예뻐 보일 수가 없었습니다. "여호와 우리 주여, 주의 이름이 온 땅에 어찌 그리

아름다운지요!(시 8:1)"라는 시인의 찬송은 바로 나 자신의 찬송이었습니다.

그런데 어느 날, 너무나 판이하게 달라져 있는 내 모습을 문득 발견하게 되었습니다. 그 신바람 나던 유학 생활을 시작하고 2년 가까운 세월이 흘렀을 때였습니다. 아내에게는 언제나 퉁명스런 말투로 책임 추궁을 하고 있고, 아이들은 저의 호령 소리와 꾸중이 무서워 슬슬 아빠의 눈치를 살피고 있었습니다. 나 자신은 고슴도치처럼 신경을 곤두세우고 짜증과 불만에 가득 차서 괴로운 나날들을 살고 있었던 것입니다. 제 주위에는 언제나 긴장감이 감돌고 있었습니다.

고민하기 시작하였습니다. 내가 왜 이렇게 되었는가? 어디에서 무엇이 잘못된 것인가? 기도도 해보고, 고민도 해보았습니다. 그렇게 두어 달을 지나다가 드디어 '아차!'하며 깨달았습니다. 곰곰 생각하며 돌이켜보니 저에게서 감사가 떠난 때부터 제가 그렇게 변하고 있었던 것입니다.

어떤 연유에서였는지는 몰라도, 언제부터인가 마음에서도 감사가 떠났고, 입에서도 감사의 말이 떠났습니다. 그렇게 신기하고 새롭고 감사했던 것들은 당연한 것이 되었습니다. 그때부터 저는 남에게 괴로움을 주는 사람, 나 스스로도 괴로움 가운데서 사는 사람이 되어 있었던 것입니다. 감사가 떠나니 그 자리를 처음에는 덤덤함이 채우기 시작하더니, 점차 불만이 채우기 시작하였습니다. 무엇엔가, 그리고 누구에겐가 못마땅한 감정이 나를 사로잡기 시작한 것입니다. 그러다 보니 찬송도 떠나고 그 자리를 고함 소리가 채우기 시작하였고, 결국 내 속에서는 물론 내 주위에서도 평안이 떠나버린 것이었습니다. 아무리 안 그런 척, 아무 일도 없는 척하려 하여도, 이미 변해 있는 낯빛은 속이려야 속일 수가 없는 것이었습니다. 그제서야 저는 무릎을 치며 깨달았습니다. 감사는 평강을 이루어내는 능력이라는 것을.

그리고 '범사에 감사하라'는 말씀은 하나님이 감사를 받기 위해서가 아니라, 결국은 나 자신을 위해서 주신 말씀이라는 사실을. "범사에 감사하라"는 말씀은 하나님 득 보자고 하신 말씀이 아니라, 나 행복하라고 나를 배려하여 하신 말씀이라는 것을 그때 깨달았습니다. 그것은 내가 결코 잊을 수 없는 경험이었습니다. 평생을 감사의 마음과 감사의 말을 빼앗기지 않고 살고 싶습니다.

고마운 마음

돌아가신 제 어머니의 말씀에 의하면, 저는 네 살 때부터 목사님이 되겠다고 했다 합니다. 방안의 책상에 올라서서 몸짓과 손짓, 그리고 소리를 질러 목사님의 설교 흉내를 내면서 "나도 커서 목사님이 되겠다."고 했다는 것입니다. 사실, 저는 기억이 없습니다.

그런데 제가 다 커서 대학교 졸업반이던 어느 날, 목사님이 되고 싶은 열정이 제 속에서 타오르기 시작했습니다. "대학교 가르쳐 놓았으니 이제 제 밥벌이는 하며 잘 살겠지." 하고 한시름 놓으셨던 장로 아버님은, 갑자기 돌변하여 목사가 되겠다는 이 아들 녀석이 앞으로 가야할 길이 측은하여 많이 반대하셨습니다.

처음부터 제가 목사가 되는 것을 선뜻 찬성하고 진심으로 후원을 해 준 사람은, 그때 저와 열렬하게 연애 중이던 지금의 제 아내 한 사람이었습니다. 두 사람의 의기가 투합하여 저는 하던 고시 공부를 때려치우고 신학교 입학준비에 열심을 내었습니다. 아버님을 비롯한 주위의 맹렬한 반대를 극복하며, 주위에서 보기에는 참으로 아무런 대책도 없는 한심한 작태로 신학교를 갔습니다. 두어 달 다니다가 군대를 갔다 오고, 결혼을 하고, 학교를 복학하려고 하니 군대 간 사이에 학교가 나뉘어졌습니다. 제가 존경하던 교수님들은 다른 학교에 가 계셨습니다. 교수님들을 따라 새 학교에 다시 등록을 하려 했더니 서슬퍼런 신군부의 방침에 따라 그해에는 등록이 안된다 하였습니다. 미인가 신학교였기 때문입니다. 일단 청강을 하든지, 아니면 다음 해에 다시 시작하라고 해서 저는 처음부터 철저하게 다시 시작하겠노라며 1년을 쉬기로 했습니다.

그리고 며칠 안 있어서 제가 졸업한 대학교 교수님께로부터 취직 제의가 왔습니다. 저는 1년 동안 생활비라도 벌자며 어느 기업체 기획실에 취직을 하였습니다. 취직을 하고 보니 갑자기 경제적 여유가 있어지고, 생활이 편해졌습니다. 1개에 50원씩 하는 호떡을 점심으로 즐겨 먹고, 천 원에 7개까지도

주던 향기도 좋은 파란 인도 사과를 간식으로 즐겨 먹던 우리 신세가 갑자기 풍요로워졌습니다. 보너스까지 타는 달이면 그 돈이 제법 되었습니다.

부엌 바닥에 앉아서 아내의 서툰 솜씨로 이발을 할 필요도 더 이상 없었습니다. 불편하게 집에서 머리 쳐박고 머리를 감을 필요도 없었습니다. 이발소에 가서 3천원만 주면 면도에 세수까지 시켜주는 편한 세상이 거기 있었습니다. 밥맛이 없으면 나가서 사 먹으면 되었습니다. 아이 갖는 것을 늦출 필요도 없었습니다. 그렇게 일 년 가까이 살다보니 그 맛이 제법 좋았습니다. 우리는 재미있게 살았습니다. 아내도 만족해하는 것 같았습니다.

일 년이 거의 다 되어가던 어느 날, 저는 조심스럽게 아내에게 이야기를 꺼냈습니다, 신학공부 하는 것을 없었던 일로 하면 어떻겠느냐는 제안이었습니다. 직장 생활을 계속하면서 착실하게 신앙생활을 하자는 것이었습니다. 아내도 저의 생각에 수긍했습니다. 신학 공부하고 목사가 되는 것이 싫어서가 아니었습니다. 편안하고 여유 있는 생활이 더 좋아 보였기 때문이었습니다. 그리고 아내에게 그 고생길로 다시 가자고 하기가 미안하기도 했습니다.

그래도 왠지 마음 한구석은 좀 찝찝하였습니다. 그러나 그런 '양심의 가책' 같기도 한 찝찝함은 그냥 묻어두어야 했습니다. 제가 그 말을 꺼내고 며칠이 지난 어느 날 저녁, 아내가 진지한 모습으로 저와 마주 앉더니 말을 꺼냈습니다.

"당신, 회사 사표 내고, 신학교 가야 할 것 같아요. 저는 괜찮아요."

부드럽게 말하고 있었지만, 단호한 결의와 확고한 각오가 선명하게 보였습니다. 그날 밤, 아내가 정말 고마웠습니다. 눈물이 나오려 했습니다. 저는 그 말을 듣고 싶었었는지 모릅니다. 저는 미련 없이 사표를 냈고, 그래서 결국 목사가 되었습니다. 제가 다시 신학교로 간 후, 아내는 각오했던 대로 참 많은 고생을 했습니다. 먹여 살릴 능력이 없는 남편의 부담을 덜어주기 위하여 곧바로 친정살이를 시작했습니다. 거기서 아이 둘을 낳아 길러 왔습니다. 그 후에도 고생은 여러 방면에서 왔습니다. 그러나 아내는 그날 밤 "나는 괜찮아요." 하고 말했던 대로 그 어려움들을 '괜찮은 듯이' 잘 견뎌주었습니다. 나이가

제법 든 탓인지, 오늘은 문득 그 때 그렇게 내게 힘을 주었던
아내에 대한 고마운 생각이 다시 떠오릅니다.

이슬
방울 하나

됨

'LCBC' 운동을 감히 제창하고, 그 깃발을 한번 쳐들어 보고 싶기도 합니다. 'LCBC'는 '교회로 교회 되게 하라(Let the Church Be the Church)'는 말의 영문 첫 자들을 제가 멋대로 따다 붙인 것입니다.

유학 중에도 간간이 선교지를 방문하며 여기저기서 선교사님들을 만나보곤 하였습니다. 석사 과정을 마친 후에는 앙골라 국경 지역에서 2주 동안 단기선교도 해보았습니다. 그때 저는 선교에서도 가장 중요한 문제 가운데 하나는 결국 교회관의 문제라는 생각을 했습니다. 공부를 마치고 돌아와 목회 현장에서 우리나라 교회를 나름대로 경험하면서도 저 나름대로 내려지는 결론은 결국 우리의 문제는 교회관의 문제라는 생각이었습니다.

유학을 마치고 돌아와 담임목회를 시작한 지 2년이 지났을 때 유학을 했던 학교에 다시 가서 한 달을 지냈습니다. 날을 잡아 브라운 교수님을 찾아갔습니다. 교회와 교회의 역사 연구로 권위를 인정받는 연로한 교수님이었습니다. 이분을 뵙는 것은 제가 다시 그곳을 찾아간 중요한 목적 가운데 하나였습니다. 이제 현장의 목회자가 되니 교수님께 여쭙고 확인하고 싶은 것이 있어서 다시 찾아왔다고 말씀드리고 질문을 드렸습니다.

"강의실과 교과서에서 배운 그 교회가 내가 매일 대하는 현장의 이 교회와 어떻게 연결이 될 수 있습니까?"
내가 알고 있는 교회의 본질이 어떻게 매일의 목회 현장에서 구체적으로 실현될 수 있는가 하는 문제에 대한 저의 고민을 털어놓았습니다. 그리고 연이어 물었습니다.

"현실 교회의 목회자로써 무엇을 나의 가장 큰 고민거리로 삼고 목회를 해야 합니까?"
이 시대 교회의 가장 중요한 문제는 무엇이라고 생각하시는지 알고 싶었습니다.

교수님께서는 즉각적으로 한 마디로 잘라 말씀하셨습니다.

"Let the church be the church!"
교회로 교회되게 하라!

그리고 덧붙이셨습니다. '교회로 교회 되게'하는 일은 '하나님으로 하나님 되시게'하는 일과 직결되어 있다는 것이었습니다. 교수님은 교회로 교회 되게 하는 일이 잘못되면, 결국은 하나님의 하나님 되심이 크게 손상을 입게 된다는 것을 강조하셨습니다. 교수님은 『Let the church be the church』라는 제목이 붙은 책을 저에게 보여주셨습니다. 그리고 700페이지도 훨씬 넘는 『Die Kerke』(The church)라는 제목이 붙은 화란어로 된 책 등 몇 권의 책을 뽑아서 추천해주셨습니다. 저는 이 주제에 대한 대화로 교수님의 2층 서재를 오르내리며 한나절을 같이 보내고 돌아왔습니다. 그때부터 'LCBC'라는 네 글자가 마치 혁명 구호처럼 제 마음과 머리 속에서 맴돌기 시작하였습니다. 교회로 교회 되게 하라! 제가 목회하면서 이곳저곳에서 기회 있을 때마다 입버릇처럼 외친 말도 그 이후부터입니다.

신자는 신자답게, 교회는 교회답게!

교회인데 교회가 아닌 교회가 있을 수 있는가? 있을 수 있고, 실제로도 있다고 저는 생각합니다. 교회는 사람입니다. 건물도, 장소도, 시설도, 프로그램도 아니고 사람입니다. 그러니 교회로 교회 되게 하는 일은 무엇보다도 사람과 관련된 일일수밖에 없습니다. 사람이 교회라면, 결국 신자들로 하여금 신자답게 살게 하는 일이야말로 교회로 교회 되게 하는 일의 관건이라고 말할 수밖에 없습니다.

사실, 오늘날 우리나라 교회가 이 사회로부터 당하는 불신과 치욕, 그로 말미암아 하나님의 이름이 당하는 능욕, 그리고 우리 스스로의 자존감 상실 등 우리가 진통을 앓고 있는, 이런저런 아픔들의 핵심적인 문제는 결국 그리스도인들이 그리스도인답게 살지 않은 것이고, 이것은 나아가서 교회가 교회답지 않은 것입니다.

관아에 고소를 당한 사람이 야소교를 믿는 사람이면, 포승

줄로 묶어서 잡아오지 않고 아무 날 아무 시까지 관아로 나오라는 통지만 보내면 될 만큼 신자들이 신뢰를 받는 때가 있었습니다.

뇌물을 주고 관직을 산 사람이 야소교를 믿는 사람이 많이 사는 지역에 발령이 나면 임지를 바꾸어 달라고 조정에 청원을 할 정도로 신자들이 부정을 용납하지 않는 삶으로 유명한 때가 있었습니다. 백여 년 전, 이 땅에 기독교가 들어 온 초창기 시절의 이야기입니다. 그리스도인들이 사회로부터 그렇게 신뢰를 받고 선한 영향력을 행사하던 그때는 비율로 따지면 사람 일만 명을 모아놓고 예수쟁이 손들라면 단 한 명이 손을 드는 때였습니다.

그러나 불과 얼마 전만해도 길가는 사람 너댓 명만 모아놓고 물어봐도 그중에 한 명이 손을 드는 판이었습니다. 국회에 들어가서 예수쟁이 손들라면 반수 가까이가 손을 들고, 국무회의를 열고 손들라 해도 상당수가 손을 자기는 신자라고 손을 드는 때가 불과 얼마전이었습니다. 청와대에 들어가서 예수쟁이 손들라면 대통령이 제일 먼저 손을 들 판이 벌써 두 번이었습니다. 온 나라 곳곳에 온통 예수쟁이 판이라고 해도 과언이 아닌데... 우리는 지금 교인수를 늘리는 일과 교인답게 살게 하는 일이 얼마든지 아무런 관련 없이 이루어질 수도 있다는 생생한 현장을 보고 있습니다.

교인 수가 많아지다 보니 이런 사람도 생기고 저런 사람도 생길 수 있어서 나타나는 현상이라고 자위하기에는 우리의 낯이 너무 간지럽습니다. 우리의 양심이 그런 것 아니라고 도리질을 하며 너무 큰 소리로 쿵쿵거리지 않습니까? 이제는 우리 그리스도인들이 생각을 달리해야 합니다. 그리하여 삶을 달리하려는 심각한 결단을 해야 할 때입니다. 부풀려진 큰 부피가 아니라, 알찬 알곡들이어야 합니다. 교회로 교회 되게 하는 일은, 신자로 신자답게 살게 하는 일이고, 이것은 결국 하나님으로 하여금 하나님 되시게 하는 일과 직결되어 있습니다. 이 사실을 가슴에 새기고 한편으로는 두려움으로, 한편으로는 한없는 자랑과 당당함으로 신자로 살기도 하고 목회자로 처신하기도 해야 합니다.

왕따 장로님

어느 시골 교회에서 있었던 일입니다.

화목하게 잘 지내오던 교회에 문제가 생기기 시작하였습니다. 젊은 장로님 두어 분을 중심으로 목사님에 대하여 불평이 일어나기 시작하더니 그것이 점점 공개적으로 드러나기 시작하였습니다. 급기야 나이 드신 다른 장로님까지 한 덩어리가 되어 목사님을 노골적으로 반대하기 시작하였습니다. 그런데 교인들의 신망을 받고 있던 가장 나이가 많이 드신 장로님한 분만은 목사 반대운동에 합세하지 않았습니다. 다른 장로들이 입장을 함께 해달라고 끈질기게 요청하였습니다. 그러나이 장로님은 끝까지 목사님을 두둔하며 입장을 바꾸지 않았습니다. 웬만하면 목사님의 실수는 그만 덮어두고 화목하는 교회를 만들자는 것이었습니다. 그래서 다른 장로님들은 이분을 목사편이라며 따돌리기 시작하였습니다. 동료 후배 장로들로부터 왕따를 당한 것입니다.

그런데 시간이 지나면서 교인들이 하나둘 장로님들의 입장에 동조하기 시작하더니 급기야는 교인들의 다수가 목사님을 반대하는 장로님들의 편에 서게 되었습니다. 후에 목사님의 결정적인 실수가 드러나면서 목사님은 교회를 떠나라는 장로들의 주장에 동조하는 교인의 수는 급격히 많아졌습니다. 장로님들의 괴롭힘이 너무 힘들었던 목사님은 당회를 하면서 그 내용을 몰래 녹음을 하였고 그 사실이 드러난 것입니다. "목사가 그런 짓을 할 수 있어?"라는 명분이 공적 분노에 불을 붙이고 다수의 교인들이 반대파로 돌아선 것입니다.

교회가 소수의 목사 지지파와 다수의 반대파로 나누어지고, 서로의 사이에는 골이 깊어지는 상황이 되었습니다. 나이가 가장 연로한 이 장로님은 목사님을 찾아갔습니다. 목사님께 단도직입적으로 말씀을 드렸습니다. "목사님을 반대하는 교인들의 수가 많아지고 있으니, 아무래도 교회의 평안을 위해서 목사님께서 결단을 내려주셔야 하겠습니다." 이제 교회를 떠나달라는 요청인 셈이었습니다. 목사님은 많이 실망을 하셨습니다. 이 장로만은 자기 편이라고 철썩같이 믿고 있었는데 변절하여 역시 장로 편에 섰다고 생각했습니다. 이번에는 목사님이 노를 품고 이 늙은 장로님을 따돌리기 시작하였습니다. 결국 이 장로님은 동료 장로들에게도 왕따를 당하고, 담임목사님에게도 왕따를 당하였습니다.

이 장로님이 처음에 다른 장로들의 권유를 물리치고 목사님을 두둔하고 나선 것은, 장로들이 싫고 목사님이 좋아서가 아니었습니다. 나중에 목사님께 교회를 떠나시라고 권유한 것도 갑자기 마음이 변하여 목사님을 배반해서도 아니었습니다. 처음부터 끝까지 한 가지 이유 때문이었습니다. 곧 교회의 유익을 무엇보다도 앞세워야 한다는 나름대로의 확신에 따라 그렇게 처신한 것이었습니다. 몇몇 사람이 목사님을 배척할 때는 목사님의 입장을 강하게 보좌하여 속히 교회의 혼란을 제거하고 교회를 안정시켜야 된다는 생각이었습니다. 그래서 목사님의 편에 서서 그 몇몇 사람들을 설득하였습니다. 이미 교인의 다수가 목사님을 반대하는 입장에 서 버렸을 때는 목사님이 속히 거취를 정하도록 요청하여 교회가 깨어지는 것을 막아야 한다는 생각에서 그렇게 한 것이었습니다. "이런 때에는 어떻게 하는 것이 교회의 유익을 위하는 것인가?" 그것이 자신의 행동을 결정하는 기준이었습니다. 장로들은 결국 그 교회에서 뛰쳐나가 따로 교회를 세웠습니다. 장로들에게도, 목사님에게도 왕따를 당한 그 장로님은 결국 병든 아내의 간호와 수발을 위하여 도시의 아들네 집 근처 교회로 옮겨가 거기서 만년을 보내며 교회의 시중을 들었습니다.

이 어른이 바로 제 아버지였습니다. 어머니의 병수발 때문에 도시의 형님댁으로 거처를 옮겨야 했습니다. 예수민은 때부터 평생을 섬겼던 교회를 떠나 형님댁 근처로 교회를 옮겼습니다. 그 교회를 떠나오시고 한참이 지났을 때 아버님은 그 때 일의 전말을 제게 상세하게 말씀해 주셨습니다. 그분은 덧붙이셨습니다. "나중에는 목사님을 반대하는 교인들의 수가 많아져서 내가 목사님을 찾아가서 직접 말씀을 드렸다. 이제는 목사님을 반대하는 교인들의 수가 많아져서 안 되겠으니 교회의 평안을 위하여 교회를 떠나주셔야 될 것 같다고. 그랬더니 목사님이 안 좋아하시더라." 평생 목회자의 길을 가야 할 제게 교훈 삼아 의도적으로 그 말씀을 하신 것이었습니다. 언제나 교회의 유익을 우선으로 행동하라는 뜻이었습니다. 요즈음 이곳저곳에 교회의 유익이 아니라, 자기 자신의 유익을 행동의 최우선의 원리로 삼고 사는 사람들 때문에 소란하고, 평안치 않은 교회들이 제법 있습니다.

그 일이 있고 몇 년 후, 그 교회에 우리 집안 어른 몇 분도 관련이 있는 중요한 행사가 있어서 저는 아버님을 모시고 참석한 적이 있었습니다. 예배 순서 가운데 아직 청산하지 못한 빚이 수 천만원 남아있다는 건축 결과 보고도 있었습니다. 예배가 끝난 후, 저는 교회 모퉁이에서 목사님의 손을 잡고 허리를 굽히며 죄송스러워 하시는 아버님을 우연히 보았습니다. 그 곁을 지나다가 죄인처럼 굽실거리며 목사님께 드리는 아버님의 말씀을 들었습니다. "목사님, 교회가 그렇게 빚이 있다는데 장로로 섬겼던 자가 이렇게 모르고 있어서 죄송합니다. 00날까지 오백 만원을 보내드리겠습니다." 그때도 저는 교회를 사랑하는 제 아버님의 마음에 깊은 감동을 받았습니다.

70대 말에 들어서던 어느 날 아버님은 옮겨와서 새롭게 섬겨오던 새 교회의 목사님을 찾아갔습니다. 그리고 목사님께 간청을 하였습니다. "이제 제가 나이가 많아서 공기도를 하다가 자칫 실수를 할 염려가 있습니다. 그러면 공예배를 손상시키게 되고 그것은 성도들이 은혜롭게 예배를 드리는 데도 큰 해가 되니 저를 주일 예배 기도 순서에서 빼 주시는 것이 좋겠습니다." 역시 교회의 유익을 앞세우는 데서 오는 충정이었습니다. "잘 알았으니, 제가 그만 하시라고 할 때까지 계속 하시지요." 목사님의 대답이었습니다. 그리고 그분은 그 후로도 계속 공기도 순서에서 **빠지지** 않았습니다. 교파가 다른 데도 늙은 장로를 그렇게 배려해주시는 목사님이 감사해서 그 이야기를 제게 몇 번씩 반복하셨습니다.

　　교회의 유익을 무엇보다도 앞세우며 사는 멋있는 장로 아버지의 모습을 저는 잊지 않으려고 애쓰고 있습니다. 그리고 이러한 교인들 보기를 고대하고 있습니다.

목회자가 된 이유

저는 대학에서 경영학을 전공하였습니다. 신학교에 갈 때 나름대로 포부가 있었습니다. 대학에서 공부한 경영조직론이나 인간관계론과 행정학, 혹은 재무관리론 등의 경영이론을 신학에 접목하여 교회를 위한 새로운 학문 분야의 체계를 세우는 학자가 되고 싶었습니다. 당시 제 눈에는 교회들이 온통 비능률과 비합리 투성이로 보였기 때문이었습니다.

그러나 신학 공부를 시작하고 얼마 가지 않아서 저의 생각은 완전히 바뀌고 말았습니다. 신학을 공부하고, 교회를 배우면서 교회는 다른 인간 조직들, 특히 내가 대학에서 배운 경영조직과는 본질적으로 다르다는 사실을 깨달았기 때문이었습니다. 내가 알고 있는 조직이라는 곳은 경제의 원리가 지배하는 곳입니다. 경제의 원리가 지배한다는 말은 궁극적인 목적이 이윤의 극대화나 능률의 극대화에 있다는 말입니다. 거기서는 100원을 투자하여 50원을 얻을 수 있는 길과 100원을 얻을 수 있는 길이 있다면 어떤 일이 있어도 100원을 얻는 길로 가야 합니다. 두 가능성을 빤히 보면서도 50원을 얻는 길을 택하는 것은 심하게 말하면 자살 행위와 같은 것으로 여겨집니다.

그러나 제가 신학을 공부하면서 확인한 참다운 교회란 그런 게 아니었습니다. 교회는 100원을 투자해서 100원을 얻는 길을 빤히 보면서도, 때로는 오히려 100원이 적자 나는 곳을 의도적으로 택해야 하는 때도 있는 특수한 단체였습니다. 교회는 경제성의 원리가 아니라, 순종의 원리, 덕의 원리 그리고 사랑의 원리에 따라 살아나가는 곳이었습니다. 교회라는 조직은 어느 정도의 효과가 있는가, 어느 정도의 경제성이 있는가가 아니라, 주님께서 무엇을 원하시는가 가 의사결정의 절대적인 기준이라는 사실을 알게 되었습니다.

그러므로 전액을 다 손해 보는 길인데도 교회는 그 길을 가야만 할 때가 있습니다. 저는 "큰일 낼 뻔했구나" 생각하며 대학에서 공부했던 것들에 대한 미련을 버렸습니다. 그리고 교회에 대한 생각을 바꾸었습니다. 교회는 능률 우선의 단체도 아니고, 프로그램 중심의 조직도 아니고, 성장 최우선의 단체도 아니라는 그때의 깨달음은 줄곧 저의 교회관과 목회 철학의 핵심이 되었습니다.

사실, 오늘날 많은 교회들이 가지고 있는 치명적인 문제점은 다른 데 있지 않습니다. 덕과 사랑의 원리보다는 경제성의 원리로, 믿음의 원리보다는 합리성의 원리로 교회를 이끌어가려고 고집을 부리는 사람들이 많아서 문제입니다. 교회다운 교회의 면모는 없어지고 회사다운 면모만 살아나는 것입니다. 그래서 불신자도, 사회도 교회를 질타하고 무시하는 것입니다. 뭐가 다르냐고요. 교회에 대한 태도가 바뀌니 진로도 바뀌었습니다. 대학에서 공부했던 것들을 신학에 덧입혀보려던 야심을 미련 없이 버렸습니다. 순수한 신학자가 되려는 마음을 품었습니다. 교회 사역도 나중으로 미루어가면서 신학교 3년 동안 밤을 밝히며 열심히 공부만 하였습니다.

그러나 이 생각은 신학교 졸업반이 되어 교회 사역을 시작하면서 다시 한번 바뀌었습니다. 52kg의 깡마르고 볼품없는 나 같은 어린 사람의 설교와 기도를 통해서도 사람들이 변하는 일이 일어난다는 희한한 경험을 한 것입니다. 목회의 희열을 맛보게 되었습니다. 목회의 단맛을 본 것입니다. 그래서 강의실과 연구실의 학자가 아니라, 현장의 목회자가 되기로 최종 결심을 굳혔습니다. 말씀의 능력과 성령의 역사라고 밖에는 달리 설명할 수 없는 목회 현장의 이 맛을 저는 평생 누리고 싶었습니다. 목회 현장의 교인들에게서 일어나는 생생한 주님의 역사를 체험하며 사는 것은 그야말로 살맛 나는 인생일 것 같았습니다. 이 희한하고 감격스러운 일에 목회 일생을 걸고 싶었습니다. 그러므로 6년 동안의 유학 생활 중에도 교회는 언제나 제가 돌아가야 할 최종 목적지로 저를 사로잡고 있었습니다.

지금도 가장 감격스럽고 보람이 있을 때는 말씀으로 말미암아 변화가 일어나고 있는 교우들을 보는 것입니다. 남모르게 애를 태우고, 걱정스럽게 하던 사람이 어느 순간부터인가 표정이 변하고, 주님과 교회와 말씀을 사랑하게 되고, 서로를 대하는 모습이 달라지고, 말씨가 달라지고, 말씀을 듣고 반응하는 모습이 변하고, 그러다가 생각도, 행동도, 생활도 달라지는 것을 보면서 저는 남몰래 감격의 눈물을 흘리기도 하고 목사 된 보람을 느끼기도 합니다. 이것이 제가 목회자가 된 이유입니다.

결국, 주일마다 만나는 교우들이 제가 목회자가 된 이유입니다. 목회자로서의 연륜이 쌓여가면서 목회에는 단맛만이 아니라, 혹독하게 쓴맛도 있다는 것을 확인할 때도 종종 있었습니다. 그래도 저는 목회자가 된 것을 참으로 행복하게 여기며 11년 동안 담임 목회를 하였습니다. 어떤 뜻이 있으셔서 하나님은 평생 가야 할 길이라고 믿었던 목회 현장을 떠나게 하시고, 결국 목회자를 기르는 신학교 교수로 평생을 살게 하셨는지 나는 잘 모릅니다. 그래도 마음만은 끝까지 목회자의 마음을 품고 살아가고 싶습니다. 사실, 목회자를 기르는 사람이야말로 목회자보다 더 목회자다워야 한다는 것이 저의 신념이기도 합니다. 신학은 결국 교회 현장을 위하여 있고, 신학교에 온 사람들은 결국 목회 현장으로 가려고 온 사람들이기 때문입니다.

막다른 골목에서 드리는 기도

제가 신학교 1학년이던 해 현충일 아침에 어머니가 갑자기 뇌출혈로 쓰러지셨습니다. 어머님을 진찰한 의사는 24시간 내에 수술하지 않으면 생명을 잃게 되니 어떻게 할 것인지를 결정해달라고 하였습니다. 어머니는 중환자실에 의식을 잃고 누워 계셨습니다. 아버지와 큰형님, 그리고 나와 다른 형제는 중환자실 밖에 둘러서 의견을 모으고 있었습니다.

"놔두어라. 죽게 놔두어라. 평생 너희들 짐 된다."
아버님의 말씀이었습니다.

"어떻게 그렇게 해요. 어쨌든 수술은 해봐야지요."
자식들인 우리의 반대 의견이었습니다.

오십 년도 더 같이 살아오신 아버님이야 어찌 아내를 위하여 최후의 수단까지 다 동원하고 싶은 마음이 없었을까요? 그러나 수술한다고 완쾌될 리가 없는데 생명만 건져놓고 자식들에게 기약도 없이 짐을 지운다는 것이 걱정도 되고, 미안하기도 하였던 것입니다. 자식들의 고집에 따라 어머니를 수술하기로 하고, 아버지는 수술 승낙서에 사인을 하였습니다.

수술을 결정하고 잠시 여유를 갖고 둘러보니 마침 그 병원에 작은 기도실이 있었습니다. 저는 그 기도실로 들어갔습니다. 한 평 남짓 되어 보이는 작은 방에 빨간 카펫이 깔려 있었습니다. 성경이 놓인 작은 강단과 희미한 불이 켜져 있었습니다. 저는 무릎을 꿇고 앉았다가 나중에는 털썩 주어앉아서 기도를 하였습니다. 발악을 하듯 울부짖으며, 애원을 하듯 속삭이며, 탄식을 하듯 투덜거리며 기도를 쏟아내었습니다. 한참 후 기도실을 문을 닫고 나오며 시계를 30분 동안이었습니다. 30분을 그 안에 있었습니다. 그 순간 선뜻 생각이 머리를 스쳐갔습니다. "30분 동안 무엇을 기도했지?" 30분 내내 그 바닥에 엎어져서 눈물 콧물 범벅이 되어 하나님께 부르짖은 것은 단 두 마디였습니다.

"하나님 우리 어머니 좀 살려 주세요. 우리 어머니 좀 살려 주세요. 긴 세월이 안되면 단 5년만이라도 더 살려주세요."

30분 내내 그것뿐이었습니다. "하나님의 영광을 위하여"라든지, "이번에 살려주시면 평생을 주의 영광을 위하여 어쩌고저쩌고"라든지, "장로님의 부인이 이렇게 갑자기 쓰러져서 죽게 되면 교회에 덕도 되지 않고, 하나님의 영광도 가리게 될 것이니.." "전도의 문이 막히지 않도록..." 따위의 말은 생각도 나지 않았습니다. 죽음이 코앞이다. 자칫하면 이것이 끝장이다. 그런 생각이 들고 마음이 정말 다급해지니 나오는 말은 그것뿐이었습니다.

"하나님 살려주세요. 하나님 살려주세요."

다음 순간 저는 뒤통수에 벼락을 맞은 것 같았습니다. 내가 그동안 얼마나 사치스럽게 겉멋을 부리며 기도를 했는가 라는 충격, 아직도 덜 급한 사람으로 여유를 부리며 절박한 기도를 하지 않았다는 자책감, 때로는 하나님과 흥정을 하듯이, 때로는 하나님을 협박하듯이 그런 기도를 겁 없이 해왔다는 자책감이 번개같이 머리를 스쳐갔습니다.

그때 저는 처음으로 정말 하나님 앞에서 정직하고 겸손한 기도는 어떤 기도인가를 깊이 생각하였습니다. 사람이 정말 다급한 막다른 골목에 이르렀을 때 나오는 정직한 기도는 무엇인가를 처음 깨달았습니다. 정말 다급하게 되고, 이제는 하나님이 손을 써주시지 않으면 막다른 골목이다 하는 상황에 처하게 되니까 그저 나오는 말은 한마디뿐이었습니다.

"하나님 살려주세요. 하나님 살려주세요!"
그때 그 경험은 나의 평생 기도 생활에 큰 전환점이 되었습니다.

사람은 누구나 실수할 수 있습니다.
억지를 부리며 자신은 실수 없는 것처럼 살려고
고통을 걸머지고 사는 것을 완벽주의라 합니다.

그러나 완벽주의는 "주의"로만 가능하고,
현장의 실제로는 불가능합니다.
완벽주의는 완벽이 아니라
불안과 고통을 만들어냅니다.

그러므로 사람은 누구나 실수할 수 있습니다.
그러나 절대로 실수 해서는 안되는 것이 있습니다.
자기의 실수를 정직하게 인정하는 데는

실수하지 않아야 합니다.

목회자는 더욱 그러합니다.
이제 막 시작하는 초년병 목회자라면 더더욱,
자신의 실수를 인정하는 정직을 실천하는 일에
실패하지 말아야 합니다.

실수 인정에 실패하는 것을 거짓이라 하고,
부정직이라 하고,
교만이라 합니다.

자신의 실수를 인정하기 싫어서
거짓말을 하게 되고,
허세를 부리게 되고,
책임을 전가하게 되고,
비굴한 변명을 늘어놓게 됩니다.

인류 역사상 최초의 가장 비굴한 사람은,
자기의 실수를 인정하지 않으려고
아내에게까지 책임을 전가한 남편이었습니다.

특히 목회자는 교인들 앞에서
목회현장에서 범한 실수나 잘못을
자기의 아내에게로 책임을 전가하는
비열한 짓은 절대로 하지 않아야 합니다.

"제 생각은 그게 아니었는데, 제 아내가 그만..."

"제가 시킨 적이 없는데 제 아내가
자기 생각대로 그렇게 해버리는 바람에..."

그것이 사실이라 할지라도 교인들 앞에서는
그렇게 말하지 않아야 합니다.
그것은 집에 가서 둘이서
따지고 싸우며 해결할 일이고,
교인들 앞에서는 목회자가
자신의 실수와 잘못으로 인정하고
책임을 뒤집어써야 합니다.

자신의 실수를 인정하는 일에 자꾸 실패하면
그것은 사람을 추하게 합니다.

더 무서운 것은,
이러한 사람에게서는 자신도 모르는 사이에
점차 사람이 떠나가게 된다는 사실입니다.

실수하는 것은 연약함이지만,
실수를 인정하지 않는 것은 거짓이고
거짓은 악이고 죄입니다.

성직자인데, 신자인데,
그런 사람이 어디 그렇게 많겠냐고요?
교회 안의 교인들이나,
교회 밖의 세상 사람들이나,
목회자들과 신자들을 향한 그 불만이
차고도 넘쳐납니다.

멋쟁이 아버지

저는 기회만 있으면 제 아버님 이야기하기를 좋아합니다. 저의 아버님은 왜정 때 소학교를 나와서, 별로 유별난 것도 없이 평생을 시골에서 살다가, 자식 여덟에 손자 스물을 남기고 일흔 아홉에 돌아가신 분입니다.

저를 통하여 저의 아버님 이야기를 여러 번 들은 분들은, 그 아버지가 뭐가 그리 대단한 게 있다고 입만 벙긋하면 자기 아버지 이야기냐고 짜증을 내실는지도 모르겠습니다. 그러나 아련한 추억과 잔잔한 즐거움으로 문득문득 내 아버지를 떠올릴 수 있다는 것이 얼마나 큰 축복인지 모릅니다. 사실은, 내가 내 아버지를 이렇게 자랑스럽게 회상하듯이, 내 자식들도 나 죽고 없어진 다음에 자기들의 아버지였던 나를 그렇게 회상하는 그런 아버지가 되고 싶은 것이 나의 소원이기도 합니다.

제 아버지는 참 멋쟁이셨습니다. 옷은 멋쟁이로 입지 못하셨지만, 그 의식과 사고방식은 참 멋쟁이셨습니다. 특별히 저를 매료하셨던 것은 그 어른의 정직하심과 진실하신 모습이었습니다.

제 아버지는 제가 신학교에 가는 것을 무척 반대하셨습니다. 교회가 싫어서도, 목회자가 싫어서도 아니었습니다. 사실, 제 아버지는 목회자를 받들고 수종 드는 일을 누구보다도 극진히 수행하신 장로였습니다. 절대로 목사님을 거역하지 말고, 목회에 거침이 되지 말라는 것을 우리가 어릴 때부터 입버릇처럼 가르치셨습니다. "너희들은 목회에 거침이 되지 말아라. 목회에 거침이 되는 일에 가담하지를 말아라." 어릴 때부터 수시로 들었던 아버지의 훈계였습니다. 그런데 당신께서 그렇게 귀히 여기고, 그렇게 정성껏 수종 드시는 목사의 길을 당신의 아들이 간다는 데는 펄펄 뛰시며 반대하셨습니다. "내가 목사님을 그렇게 귀하게 여기지마는, 그러나 내 자식이 목사의 길을 가는 것은 싫다"는 것이었습니다.

수십 년 교회 생활 하시고, 지근 거리에서 목사님의 목회를 수종 들어 오시면서 아버지는 그 길이 얼마나 어려운 길이고, 힘든 길인지를 누구보다도 잘 알고 계셨습니다. 그래서 사랑하는 아들 녀석이 겪어야 할 고생스러움에 대하여 안쓰러운 생각이 드셨을 것입니다. 또 그 길을 잘 견뎌내기에는 이 아들 녀석이 얼마나 연약한 사람인가를 너무나 잘 아시기 때문에 마음이 놓이지 않으셨을 것입니다.

그래도 저는 고집을 꺾지 않고 신학교에 갔습니다. "너는 경제적인 문제 때문에라도 반드시 도중하차 할 것"이라는 아버지의 예상을 깨고 저는 미국에 사는 얼굴도 모르는 어느 분의 도움을 받아가며 우수한 성적으로 신학교를 졸업하였습니다. 그리고 그 후에 6년씩이나 유학까지 갔다 왔습니다. 그리고 성격이 목회에 맞지 않고, 성대가 약해서 설교자로 적합하지 않다는 아버지의 예상을 깨고 부교역자 시절부터 큰 탈 없이 목회도, 설교도 잘 감당하며 지내왔습니다.

아버지는 제가 신학교 가는 것을 그렇게 심하게 반대하셨던 일을 두고 저에게 두 번을 무릎을 꿇다시피 하고 사과를 하셨습니다.

"하나님께서 너를 가르치시고 인도하신다는 생각을 하지

못허고, 네가 고생할 것을 생각하여 부자간의 정리에만 매여서 너를 그렇게 반대하였는데, 내가 잘못했다. 내가 좀 일찍 생각을 바꾸었더라면 네가 좀 덜 고생을 했을 텐데 내가 잘못했다."

제가 신학교를 졸업하던 날, 아버지는 제 앞에서 무릎을 꿇다시피 하고 제게 그렇게 사과하셨습니다. 2년 후, 목사 안수를 받는 날 아버지는 저의 집에서 하루를 묵고 가시려고 일부러 같이 올라온 내 형제들을 먼저 돌려보내셨습니다. 저의 집에서 하룻밤을 같이 지내시며 아버지는 2년 전 신학교 졸업날 저녁처럼 똑같은 모습으로 제게 사죄(?)를 하셨습니다. 저는 그때 자식 앞에서 보여주신 그 어른의 그렇게 진실하신 모습을 보며 가슴에 사무치는 큰 감동을 받았습니다. 저는 솔직함과 진실함의 멋스러움을 그때 우리 아버지에게서 배웠습니다. 그리고 나도 그렇게 솔직하고 정직한 목사이고 싶은 소원을 품게 되었습니다.

그로부터 10여 년 후, 13년 동안을 앓아누우셨던 어머니께서 세상을 떠나신 지 1년이 되었을 때였습니다. 추도예배를 마치고 나서 하실 말씀을 하시라고 시간을 드렸습니다. 첫 마디를 이렇게 하셨습니다.

"그나마라도 없으니 아쉽다."

　13년 긴 시간을 고생 고생하며 수발하시고 그 짐 벗은 지 이제 갓 일 년 되었는데, 아버지는 자식들 앞에서 아내 그리운 심정을 그렇게 첫 마디에 표현하셨습니다. 어머니 그리운 심정을 그렇게 솔직히 표현하시더니, 또 우리 형제들이 모두 모인 자리에서 말씀하셨습니다.

　"늬 어머니 수발하면서 언젠가는 너무나 힘이 들어서 내가 늬 어머니한테 죽으라고 했다. 그런데 지금 방에 가만히 누워 있으면 그 생각이 나고, 내가 참 못된 죄를 지었다는 생각이 나서 천장만 쳐다보고 누워 있는다."

　아버지는 흑흑거리고 우시느라 말을 잇지 못하셨습니다. 그때 저는 솔직히 제 아버지가 너무너무 멋있어 보였습니다. 나도 그렇게 솔직하게 사는 멋쟁이 목사가 되겠다는 결심을 다시 했습니다. 요즘 우리 주위에서, 자신의 약점을 솔직하게 인정하고 털어놓을 수가 없어서 여러 사람을 괴롭게 하는 사람들을 보면서 제 아버지 생각이 다시 났습니다.

　이제는 솔직하고 정직한 멋쟁이들이 되어 보았으면 좋겠습니다.

미안한 마음

둘째 딸 아이가 중2일 때 였습니다. 그 아이가 제 앞으로 편지를 써놓았는데, 저는 2주가 지나서야 그 편지를 제 책상 위에서 발견하여 읽었습니다. 공부에 시달리는 모습이 안쓰럽고, 본의 아니게 옛날처럼 아빠 노릇을 제대로 못하는 게 미안하여 지난달에 편지 한 장을 써서 도시락 속에 슬쩍 넣어 주었었는데 그 답장을 이제야 쓴 것이었습니다. 한 통은 영어로, 한 통은 한글로 제 수첩에 써서 책상 위에 놓았는데 눈치 없는 아빠가 2주가 지나도록 알아채지 못한 것이었습니다.

　"… 아빠 편지 감사해요. 저는 엄마 아빠 같은 분 밑에서 자라게 해주신 하나님께 정말 감사해요. 때때로 아빠가 화를 내고 신경질을 부리실 때 사실 그렇게 기쁘지는 않아요. 그러나 진심으로 그러시는 것은 아니라는 것을 저는 알아요. 아빠는 언제나 우리를 위해서 기도하신다는 것을 저도 알아요. 아빠, 약속하신 자전거 안 사주셔도 괜찮아요. 그리고 비싼 과외 안 시켜 주셔도 아무렇지도 않아요. 기말 시험 앞두고 기도 좀 부탁 할려고요…."

여러 가지 아부성 발언과 넋두리 성 푸념들을 늘어놓은 이 아이의 편지를 미소를 머금고 읽어 내려갔습니다. 그런데 편지의 끝부분에 써 놓은 한마디에 가슴이 섬뜩하였습니다.

"아빠 요새 어떠세요? 잘 지내시는지요? 예전보다 얼굴이 어두워지신 거 아세요? 남아공에 있을 때엔 참 즐거웠는데…. 그야말로 'Oh, Happy Day'였는데… 한국 와서… 아빠가 그렇게 하고 싶어했던 목회를 하는데… 그러니까 이론상 더 좋아야 하는 거 아니예요? 그런데, 실상은 아니지요?"

언젠가 우리 막둥이 녀석도 이와 비슷한 말을 했었는데… 그러고 보니 그동안 여러 교우들로부터도 "힘들어 보인다"는 말, "힘드시지요?"하는 말들을 자주자주 들어왔다는 것이 새삼스럽게 생각났습니다. 언젠가는, 저의 목회하는 모습이 너무 힘들어 보여서, 한 젊은이가 겁에 질려 가지고 목회자가 될까 하던 꿈을 버렸다는 이야기를 전해 들었던 것도 문득 되살아났습니다. 사실 그렇게까지 힘들어하지는 않았던 것 같은데…

어찌 됐든 교우들과 하나님께 죄를 짓고 있다는 생각이 들었습니다. 아이들에게도 못 보일 것을 보여주고 있다는 자책감이 들었습니다. 힘들어도 힘이 들지 않게 보이도록 살아야 하는 건데, 힘이 들지 않는 데도 힘이 들어 보이게 살았으니… 나는 아직 참 목회자의 세계에는 입문도 못 한 목사라는 생각이 들었습니다. 그래서 교인들을 떠올리며 혼자서 중얼거려

보았습니다.

　"교우 여러분 미안합니다. 제가 간혹 힘들어 보이거나, 우리 아이 말처럼 얼굴이 어두워 보인다 하여도 그것이 여러분의 탓이 아닙니다. 여러분 때문이 아닙니다. 저의 잘못된 습관 때문일 수도 있고, 수양이 덜된 저의 인격 탓일 수도 있고, 때로는 기력이 떨어지는 저의 체력 탓일 수도 있습니다. 앞으로는 힘 있어 보이는 모습으로, 밝은 얼굴빛으로 여러분 앞에 그리고 우리 아이들 앞에 나타나도록 애써보겠습니다. 때때로 저의 힘들어 보이고 어두워 보이는 모습 때문에 덩달아 힘이 드셨던 여러분, 미안합니다. 우리 다시 힘을 냅시다."

　그러나 여전히 풀리지 않는 문제는 이것입니다. 목회를 힘이 안들게 해낼 초능력도 없고, 힘이 드는데 힘이 안들어 보이게 할 비법도 없다는 사실입니다. 그러니 결국 우리가 서로 이해하고 품어주고 기다려주고 서로 힘을 실어주면서 함께 가는 길 밖에 없는 것입니다. 그리고 그것을 행복하게 여기는 마음을 나누어 갖고 웃으며 사는 것입니다.

힘내세요, 집사님!

주일 저녁입니다. 목회를 하는 동안 목사인 저에게는 일주일 7일 중 가장 피곤하면서도, 그러나 가장 마음이 홀가분한 시간이 바로 주일 저녁입니다. 모든 일과를 마치고 집에 돌아오면 물밀듯 밀려오는 피곤과 함께 오늘은 아무 부담 없이 일찍 잠을 청해도 좋은 날입니다. 모처럼 신앙 간증집을 한권 읽거나, 무슨 무슨 문학상을 탔다는 단편소설 한 편을 읽을 여유를 부릴 수도 있습니다. 아내와 차 한잔을 놓고 오랫동안 못 들었던 음악 몇 곡을 듣는 아늑함을 누릴 수도 있습니다. 그런데 왠지 오늘따라 저는 잠을 이룰 수가 없어서 의자에 파묻혀 멍하니 앞 벽을 바라보다가 다시 월요일 새벽을 맞고 있습니다.

제가 고3 때, 저를 그렇게도 아껴주시던 국어 선생님께서 어느 날 제게 투정을 하시듯 쏟아 놓으셨던 말씀이 생각납니다.

"네가 내 아들도 아니고, 너와 내가 무슨 피를 나눈 사이도 아닌데, 도대체 왜 내가 네 꿈까지 꾸어가며 너 때문에 잠을 못 자는 건지 모르겠다."

저는 그때 부모님과 일대 전쟁을 치르고 있었습니다. 아버지는 내가 서울대를 못 갈 바에는 등록금이 싼 지방 국립대를 가야 한다는 주장을 꺾지 않으셨습니다. 나는 서울대 갈 실력은 안되지만, 서울에 있는 사립대를 가야겠다고 고집을 부렸습니다. 그러다 끝내는 집을 뛰쳐나와 이곳저곳 사설 독서실을 떠돌아다니며 방황하고 있었습니다. 나는 그 속사정을 시인이신 그 선생님께 털어놓았고, 선생님은 마치 자신의 일처럼 나를 걱정해주시고 또 내 편이 되어주시려고 애를 쓰셨습니다. 아버님께서 "창균이가 선생님 말씀은 잘 들으니 내 아들 녀석을 좀 설득해 주십시요."라는 부탁을 가지고 저 몰래 선생님을 찾아오셨을 때도 선생님은 오히려 제 아버님을 설득하려고 애를 쓰셨습니다.

여러 날 방황하다가 어느 날 다시 찾아갔더니 선생님은 말씀하셨습니다. "도대체 왜 내가 너 때문에 이러는지 나도 이유를 모르겠다." 투정 같은 말씀이었지만, 사실은 선생님께서 얼마나 나를 사랑하시는가를 그렇게 표현하신 것임을 제가 모를 리가 없었지요.

집사님, 제가 왜 집사님 때문에 이렇게 잠을 못 이루고, 시름에 잠겨 긴 밤을 새우고 있는 것인지 모르겠습니다. 집사님의 소식을 언뜻 들었습니다. 이제는 자기 발로 서 있을 힘마저도 없어 보이는 집사님께 힘내라는 말조차도 하기가 미안합니다. 제가 어려운 처지에 있어 보일 때, 내색은 하지 않으면서도 어떻게 해서든지 저의 위로가 되어주려고 이리저리 애쓰시던 집사님의 모습이 이제 새삼스럽게 나의 눈시울을 뜨겁게 하며 떠오릅니다.

이제 제 차례인 것 같은데…. 저는 어떻게 집사님의 위로가 되어 드려야 할지 모르겠습니다. 집사님께서 내색도 하지 않은 채, 거기 자리를 지키고 묵묵히 있어 줌으로써 제게 위로가 되셨듯이, 저도 집사님을 아린 가슴으로 생각하며 여기 이렇게 묵묵히 있음으로써 위로가 되어 드리려 합니다. 아무 내색 없이, 집사님을 위하여 내 하나님께 간구하며 잠을 못 이룬 채로 있겠습니다.

집사님께는 이번 일이 어쩌면 하나님께 더 가까이 나아가는 기회가 될 것 같기도 합니다. 어쩌면 하나님의 깊으신 은혜와 크신 능력을 새롭게 체험하는 기회가 될 것 같기도 합니다. 귀로만 듣던 하나님을 이제 눈으로 보는 기회가 될지도 모르겠습니다. 하나님의 자녀의 권세를 가지고 세상을 이기며 사는 우리인데 일시적인 시련이 무슨 문제가 되겠습니까? 집사님. 부디 힘내세요. 집사님이 힘에 벅차는 시련을 안고 난감해할 때, 부족하고 무능할망정 이 목사도 함께 아파하며 잠 못 이룬 채 곁에 있습니다. 그리고 우리 주님이 또 그렇게 곁에 함께 계십니다. 부디 힘내세요, 집사님!

기도하는 사람은 절대로 망하지 않습니다. 기도하는 사람이 있는 가정은 절대로 망하지 않습니다.

어릴 적에 저의 아버님이 종종 저희 형제들에게 해주신 이야기가 있었습니다. 우리가 살던 지역에서 조금 더 골짜기로 들어가면 부귀면 황금리라는 곳이 있었는데, 그곳에 사셨다는 한 할머니 이야기였습니다. 물론 우리는 그 할머니를 만나본 적이 없습니다. 그 동네에 가 본 적도 없습니다. 그 할머니는 얼마나 기도를 열심히 하셨는지, 아버님은 그 할머니 이야기를 하시면서 연신 말씀하셨습니다.

"그분은 기도 호랑이였다. 그 할머니는 기도 호랑이였어. 그 할머니 기도가 그 집안을 지켰다."

그 자식들이 그렇게 신앙생활도 하지 않고, 제멋대로 살고 그러는데도 그 할머니 생전에 아무런 큰 문제 없이 지낸 것을 그렇게 말씀하신 것이었습니다. 그러나 아버님은 언제나 비통한 듯이 그 다음 말을 덧붙이셨습니다.

"그런데 그 할머니 세상 떠나고는 그 집안이 풍비박산이 나버렸다."

기도가 사라진 집안의 두려운 모습을 우리에게 가르치려 한 것이었습니다. 기도하는 사람이 있는 집은 망하지 않습니다. 기도하는 팀이 있는 교회는 망하지 않습니다. 기도하는 교회들이 있는 나라는 망하지 않습니다. 기도하는 사람이 있는 직장도, 기도하는 사업주가 있는 사업장도 망하지 않습니다. 아니, 마침내 흥하고야 맙니다. 그러기에. 이러한 기도의 맛을 알고, 이러한 기도의 능력을 안 사무엘은 그렇게 말했습니다.

나는 너희를 위하여 기도하기를 쉬는 죄를 여호와 앞에 결단코 범하지 아니하리라(삼상 12:23)

다윗은 또 말했습니다.

"내가 평생에 기도하리라."(시 116:2)

예수님도 가장 어려울 때는 기도에 가장 힘을 쓰셨습니다.

"그(예수 그리스도)는 .... 심한 통곡과 눈물로 간구와 소원을 올렸다."
(히 5:7)

교인들이 가장 깊이 신뢰하는 목사는 설교를 잘하는 목사가 아닙니다. 기도를 많이 하는 목사입니다. 교인들이 가장 존경하는 장로는 사리 분별이 분명하여 시시비비를 잘 가려주는 장로가 아닙니다. 조용히 엎드려 기도를 많이 하는 장로입니다.

먹이를 잡기로 작정하면 목숨을 건 듯이 전력 질주로 무섭게 쫓아가는 호랑이의 모습을 보셨나요? 한번 먹이를 물면 니가 죽든 내가 죽든 끝장을 내겠다는 기세로 물고 늘어지는 호랑이를 보셨나요? 기도를 그렇게 하는 할머니를 제 아버지는 "기도 호랑이"라고 부르셨습니다. 그런 기도 호랑이가 지키고 있는 집은 망할 것 같을 때도 망하지 않고, 그런 기도 호랑이가 사라진 집은 풍비박산이 나버리더라고 자신의 목격담을 내세워 아버지는 자식들에게 기도 호랑이가 되라고 가르쳐 주셨습니다. 아버지 자신이 평생을 기도 호랑이 할아버지로 사셨습니다.

위대한 기도의 사람으로 존경을 받은 박윤선 목사님은 신자들이 기도를 하지 않는다고 자주 안타까와하셨습니다. 신학생들에게는 "기도하지 않는 사람은 그 얼굴도 보기 싫다"고 하시기도 하였습니다. 하나님은 매어달려 기도하는 사람을 기뻐하신다고 하셨다가, 말을 바꾸어 하나님은 기도하지 않는 사람을 미워하신다고 하시기도 하였습니다. 그분은 우리의 기도가 어떠해야 하는가를 여러 말로 강조하여 외쳤습니다. 저는 그분이 그렇게 외쳐대던 단어들이 종종 그의 표정과 함께 떠오르곤 합니다.

생사 결단의 기도, 자신을 던져넣는 투신의 기도, 피나는 기도, 투쟁적으로 힘쓰는 기도, 죽기내기로 하는 기도, 전심 기도, 전력 기도, 마음이 타는 기도, 따가움이 있는 기도 등이 그분이 기도에 전념하여 기도할 것을 강조할 때 사용했던 표현들입니다. 그렇게 하지 않는 기도를 에누리 기도 혹은 껍데기 기도라고 비판하기도 하였습니다.

저도 기도 호랑이 목사가 되고 싶습니다. 그리고 기도 호랑이 장로들을 보고 싶고, 기도 호랑이 권사들을 보고 싶습니다. 그리고 기도 호랑이 집사들을 보고 싶습니다. 기도 호랑이 어머니들을, 기도 호랑이 아버지들을, 기도 호랑이 직장인들을, 기도 호랑이 사업자들을 보고 싶습니다. 기도 호랑이 청년과 기도 호랑이 노인들을 보고 싶습니다.

무엇보다도, 기도 호랑이 신학생과 기도 호랑이 목회자들을, 그리고 기도 호랑이 신학자들을 정말 보고 싶습니다.

기도하는 사람은 망하지 않습니다. 아니, 반드시 흥하고야 맙니다. 그러므로 자신있게 이렇게 말할 수 있습니다.

"기도에 살 길 있다!"

겁대가리도 없이...

교회를 골라가며 물건을 훔치는 교회 털이 전문 도둑들이 있다는 말은 여러 번 들었습니다. 두 달 가까이 전에는, 우리 교회 근처에 교회를 개척한 후배 목사님 교회에도 새벽에 도둑이 들어와서 음향기기를 들고 갔다는 이야기를 들었습니다. 어느 교회는 입당 예배 다음 날 트럭을 대놓고 에어콘을 몽땅 뜯어 갔다는 이야기도 들었습니다.

지난 성령강림 주일 다음 날이었습니다. 낮 12시 넘어서 사무실을 떠났다가 저녁 식사까지 하고 사무실로 다시 돌아왔습니다. 그런데 급히 보내야 할 원고의 마무리 작업을 하려고 보니 노트북이 안보였습니다. 어느 인간이 겁대가리도 없이 교회 문을 강제로 열고 들어와서 저의 사무실 제일 안쪽 의자 위에 놓아둔 노트북을 들고 간 것입니다. 알아보니 찬양 인도

팀의 신디사이저도 들고 갔습니다. 찬양 인도팀에 새로 합류한 여학생이 찬양 사역을 위하여 한 달 전에 자비로 거금을 들여서 사 들고 온 것이었는데 그것을 들고 간 것입니다. 순간적으로 앞이 캄캄하기도 하고, 화도 났습니다. 노트북도 노트북이지만 지난 몇 년 동안의 제 자료가 몽땅 그 속에 있는데 한순간에 다 없어져 버렸으니 참으로 황망하였습니다. "여기가 어디고, 그것이 뉘 것이라고 감히..." 하는 생각과 함께 누구인지 모르는 그 도둑에게 분노와 증오심이 생겼습니다. "대낮에 하나님의 교회를 침입하여 교회의 물건을 들고 간 하나님 무서운 줄도 모르는 겁대가리 없는 그 사람을 가만두지 마옵소서. 하나님 두려운 줄을 알도록 따끔한 벌을 그 사람에게 내려 주소서" 하는 생각이 들었습니다.

그 후 2-3일을 기도했습니다. "노트북은 가져도 좋으니, 그 속에 있는 자료라도 백업을 하여 돌려보내게 해주소서." 그러나 아무런 소식도 없었습니다. 오히려 소식은 도둑으로 부터가 아니라 제 자신으로부터 왔습니다. 이번 일은 너무나 게을러터진 제 자신에 대한 하나님의 1차 경고가 아닐까 하는 깨달음이 온 것입니다. 그리고 내 노트북 하나 가져갔다고 그 사람에게 그러한 마음을 품는 것이 과연 잘하는 짓인가 하는 가책이 든 것입니다. 생각이 거기에 미치자 정신이 번쩍 들었습니다. 그래서 "겁대가리 없는 놈, 큰 벌이나 받아라"하는 마음을 품었던 것도 회개했습니다.

그 전날인 성령강림주일 오전 예배에서 저는 "성령 충만한 자의 능력"이라는 제목으로 설교하였습니다. 설교 중에 제가 남아공에 유학중일 때 일어났던 이야기를 했습니다. 제가 남아공에 살던 어느 해에 케이프타운에 있는 성 야고보 교회(St. James Church) 주일예배 시간이었습니다. 갑자기 흑인 너댓 명이 수류탄과 기관총을 들고 난입하여 수류탄을 던지고 총을 난사하였습니다. 애커만 씨 부부 등 수명이 죽고 방문 중이던 러시아 선원 등 여러 사람이 많이 다쳤습니다. 어디론가 도주해버린 알 수 없는 이 흑인 원수들을 향하여 며칠 뒤 그 교회는 일간지 신문에 상당한 크기의 광고 가사를 냈습니다. 크고 굵은 활자로 붙인 그 광고 기사의 제목은 이러하였습니다.

"우리는 당신들이 우리가 당신들을 사랑한다는 것을 알아주기를 바랍니다 (We want you to know that we love you)."

저는 이 이야기를 하면서 이것이 성령 충만한 자의 참 능력이라고 열을 낸 것입니다. 하루 전에 강단에서 이렇게 설교한 작자가 노트북 하나 가져갔다고 '큰벌이나 받아라' 할 수 있습니까? 그러고 보면 정말 겁대가리가 없는 작자는 교회의 목사 사무실에 들어와서 노트북을 들고 간 작자가 아니라, 불과 하루 전에 성령 충만한 자의 능력을 운운한 그 입으로 자기 노트북 가져간 사람에 대하여 저주성 발언을 하려 한 저 자신이라는 생각을 하고 부끄러웠습니다. 이것을 회개하자 저의 마음도 평안해졌습니다. 잃어버린 자료들에 대한 아쉬움에서도 자유로와 졌습니다. 인도에서 선교했던 선교사는 번역을 다 끝내 놓은 성경이 불타버려서 절망 가운데 있다가 "다시하면 된다"하고 일어나서 다시 성경을 번역했다는 글을 읽은 기억도 떠올랐습니다. 그러자 저에게 다시 용기도 생겼습니다.

그 사건 이후 한결 더 무거워진 열쇠 뭉치를 들고 다니며 사무실 입구에도, 방송실 입구에도, 계단 출입문에도, 여기저기 추가로 달아놓은 보조키를 열 때마다 저는, 짐승을 가지고 선지자도 가르치신 하나님이 열쇠뭉치를 가지고 나를 가르치신다는 생각을 하곤 합니다. 결국 이래저래 좋은 기회였습니다.

함께 가는
새벽 기도

막둥이 녀석을 낳고 돌이 가까워 올 때 였습니다. 이 녀석이 꼭 새벽기도 갈 시간이면 일어나서 울어대는 것이었습니다. 아내는 새벽기도를 갈 수가 없었습니다. 아이 걱정도 걱정이지만, 셋방살이 주제에 그 새벽에 아이를 그렇게 울려대면서 집을 비운다는 것은 감히 엄두를 낼 수가 없었습니다. 그러나 부부가 함께 새벽 기도회에 가고 싶은 마음이 불같았습니다. 우리는 기도를 시작하였습니다. 아이가 그 시간에 깨지 않게 해주시라고, 그래서 안심하고 부부가 함께 새벽 기도를 드리게 해주시라고요. 한 달 남짓 기도했는지 모르겠습니다. 12월 말이 가까울 때 은근히 배짱이 생겼습니다. "하루 새벽 운다고 아이가 죽겠느냐, 하루 새벽 아이 울렸다고 쫓겨나기야 하겠느냐... 새해 첫 날부터는 그냥 한번 가보자." 아내와 의기가 투합하였습니다. 새해 첫날 새벽부터 그냥 교회로 가버렸습니다. 아이가 걱정되어 기도회를 마치자마자 허겁지겁 돌아왔습니다. 그 사이에 울다가 자는 건지, 깨지 않고 그냥 계속 잠을 잔 건지는 알 수 없지만 아무 일 없이 세 아이가 다 자고 있었습니다.

그렇게 새벽기도를 시작하고 얼마 지나지 않았을 때였습니다. 그날도 새벽 기도를 마치고 허겁지겁 돌아온 우리 부부는 깜짝 놀랐습니다. 이 녀석이 물에서 건져낸 것처럼 축축하게 젖은 기저귀를 빼서 머리맡에 던져 놓고는 세상모르게 자고 있었습니다. 종이 기저귀가 막 나오기 시작하던 당시였지만 우리 형편에 비싼 종이 기저귀를 쓴다는 것은 생각도 할 수 없었습니다. 아이 허리에 노란 고무줄을 매어 놓고 거기에 거의 영구적인 베 기저귀를 갈아 끼워가며 쓰고 있었습니다. 그런데 아직 돌도 지나지 않은 이 녀석이 기특하게도 그 젖은 베 기저귀를 빼서 자기 머리맡에 던져 놓고 계속 잠을 잔 것입니다. 저는 아내에게, 아내는 저에게 아이의 기저귀를 빼주었냐고 서로 물었습니다. 그러나 아이가 스스로 한 것이었습니다. 기적과 같은 일이었습니다. 믿거나 말거나 그것은 사실이었습니다.

하나님이 하신 일이라는 생각이 들자 가슴이 미어지게 감동이 되었습니다. 하나님이 그렇게 좋을 수 없었습니다. 그리고 마음이 그렇게 담대해졌습니다. 그 이후 우리는 마음 놓고 새벽 기도회를 같이 다녔습니다. 저야 어차피 거의 매일 새벽 기도회를 인도하였으니까 당연히 다니는 새벽 기도 길이었지만, 아내와 같이 가는 그 길은 또 다른 힘과 재미가 있었습니다. 아내는 알레르기 비염이 심하여 새벽 찬 바람을 맞는 순간 콧물이 수도꼭지처럼 흘러내리곤 하였습니다. 그런데도 아내는 수건을 흥건히 적시도록 콧물을 받아내면서도, 때로는 두루마리 화장지를 통째로 가슴에 안고 가면서도, 남편과 함께 다니는 새벽기도회를 좋아라 하였습니다. 그 일이 있고 얼마 후부터 우리는 아이가 자는 옆에 갈아입을 내복 아랫도리를 놓고 갔습니다. 새벽 기도회에 갔다 와보면 녀석은 젖은 기저귀를 빼놓고 옷을 벗어 던지고는 머리맡의 바지를 한쪽 다리에 대충 끼운 채 잠을 잤습니다. 이것은 지금도 믿기지 않는 사실입니다.

사실 하나님이 하시는 거의 모든 일이 우리 인생들에게는 믿기지 않는 일들입니다. 그래서 감동이 되고, 그래서 재미가 있습니다. 이런 유의 경험을 하면서 저와 아내는 기도 생활만이 아니라, 다른 일상의 생활에서도 점점 배짱 좋은 신앙인으로 자라가기 시작하였습니다. 이 일을 계기로 우리는 부부 큐티를 시작하는 보너스를 얻게 되었습니다. 새벽 기도회를 마치고 돌아와서 찻상에 우유를 탄 인삼차 두 잔을 타놓고 마주보고 앉아서 성경을 읽었습니다. 그리고 생각과 마음 나누었습니다. 그렇게 시작한 부부 큐티는 두고두고 우리에게 큰 유익을 주었습니다.

유학을 떠나기 위해서 교회를 사임하였습니다. 교우 여럿이 인사를 하러 왔습니다. 우 집사님이라는 여자 집사님은 이런 말로 제게 이별 인사를 하였습니다.

"목사님을 잊지 않고 오래오래 기억할게요."

"뭘 가지고 나 같은 사람을 기억한단 말입니까?"

"기도 많이 하시는 목사님으로요..."

제가 기도를 많이 하는 목사라는 그 말은 사실이 아니었습니다. 그분이 잘 못 보신 것입니다. 그러나 비록 사실은 아닐지라도, 그 말을 듣는 것이 저는 정말 기분 좋았습니다. 졸업생 사은회에서 교수님과 나누는 마지막 개인별 인사 자리에서 있었던 일이 떠올랐습니다. 박윤선 목사님께서 "기도 많이 하시오. 기도를 많이 하라구. 기도를 많이 해야 돼"하고 저의 손목을 놓지 않고 세 번씩이나 반복하셨습니다. 저는 그 자리에서 그 어른에게 그렇게 권면을 받은 것이 충격이 되어 그 자리에서 결심했습니다.

"나는 기도 많이 하는 목사가 반드시 되고야 말겠다!"

그래서 나름대로 기도를 많이, 그리고 열심히 하는 척이라도 하려고 애를 써왔었거든요. 그 집사님의 그 말이 저를 얼마나 기분 좋게 만들었던지 당장 박윤선 목사님에게 뛰어가서 나 그런 말 들었다고 알려드리고 싶었습니다. 그러나 박 목사님은 8개월 전에 이미 세상을 떠나신 때였습니다. 그 말이 그렇게 기분을 좋게 했던 것만 보아도, 당시 제가 "기도 많이 하는 목사"가 되는 것을 얼마나 소원했었는지 알 수 있습니다.

담임 목회를 하는 동안에도 나의 기도 생활이 부목사이던 그때만 훨씬 못한 것 같아서 늘 마음이 석연치가 않았습니다.

담임 목회를 그만둔 이후의 가장 큰 괴로움도 저의 기도 생활이 부목사이던 그때보다 형편없이 부족하다는 사실입니다. 다시 어떤 결단이 있어야만 된다는 생각을 늘 하면서도 늘 같은 자리에 있는 것 같아 마음이 답답하곤 합니다. 저는 다시 결심하곤 합니다. 기도를 많이 하는 목사가 되고 싶습니다. 늘 내 마음을 사로잡는 한마디 말은 그것입니다.

"기도에 살 길 있다!"